ALCANZANDO
LO IMPOSIBLE

Alcanzando lo Imposible

Dr. Alberto Delgado

Para realizar pedidos de este libro, contacte con:
Xlibris
844-714-8691
www.Xlibris.com
Orders@Xlibris.com
810615

CONTENTS

Chapter 1 La Clave 1

Chapter 2 La Importancia de la Fe 5

Chapter 3 Fe en Acción 13

Chapter 4 Obteniendo Fe 21

Chapter 5 Cómo Opera la Fe 29

Chapter 6 Fe y la Mente 34

Chapter 7 Un Esfuerzo de Equipo 41

Chapter 8 El Fundamento de la Fe 49

Chapter 9 El Enemigo 57

Chapter 10 Creciendo Tu Fe 68

Chapter 11 Ya Está Hecho 80

Chapter 12 De la Eternidad a la Actualidad 86

Chapter 13 Rompiendo los Límites 92

Capítulo 1

La Clave

Recibió su sentencia de muerte en una hermosa mañana de primavera, pocos días después de su trigésimo cumpleaños. "No te quedan más de seis meses de vida, María", declaró el doctor Gray, desde el otro lado de su pulido escritorio de caoba, con los resultados de las pruebas en su mano: "Lo siento. No hay nada que podemos hacer."

Más tarde, María me describiría lo asustada que se sintió en esos primeros momentos, cómo su mente se había tambaleado por las noticias. Apenas había escuchado el grito horrorizado de su esposo, mientras ella trataba de procesar las noticias como en un sueño. ¿Qué ? ¿Había dicho seis meses? ¿Solo seis meses de vida? ¿No vería a las gemelas cumplir siete años? ¿No habría más Navidades para celebrar? ¿No más aniversarios de boda? ¿Solo seis meses? ¿Cómo era posible?

El miedo arañó su corazón con garras infernales. Su esposo estaba tartamudeando una pregunta, ella solo quería irse, correr a casa para abrazar a sus hijas, Sonia y Sandra. Un movimiento fuera de la ventana de la oficina llamó su atención: dos ardillas se perseguían en un cedro rojo floreciente, tan despreocupadas, tan vivas. La hermosa creación de Dios... El Doctor. Gray estaba hablando nuevamente, "Sugiero que ordene sus asuntos, María", dijo, cerrando su archivo con finalidad. "Prepara a tu familia".

¿Cómo preparo a mi familia? pensó María. ¿Cómo preparo a mis dos niñitas o a mis padres? No, este no puede ser el final de la historia

Tenía que recordar quién era, las promesas que había recibido. Respirando profundamente, miró por la ventana una vez más. Las ardillas se habían ido, pero el árbol permanecía fuerte, majestuoso e inmóvil, un recordatorio de cómo ella también debería mantenerse firme.

María me dijo que en ese momento había vuelto a sus cabales. Agarrando su bolso, le dio gracias al Dr. Gray por su tiempo y agregó: "Pero por favor no se preocupe por mí. ¡Porque puedo asegurarle, Doctor, que estoy perfectamente saludable!" El médico la había mirado incrédulo; luego sacudió la cabeza con tristeza. Después de todo, María tenía carcinomatosis leptomeníngea, una condición que ocurre cuando las células cancerosas se diseminan hacia la membrana llena de líquido que rodea el cerebro. ¡Claramente la enfermedad ya había afectado su mente!

Seis meses llegaron ... y pasaron. María todavía estaba muy viva. Le ordenaron nuevas pruebas: los que conocíamos su diagnóstico terminal estábamos un poco ansiosos por los resultados. Pero María, por su parte, seguía disfrutando la vida, tranquila y en paz. Cuando finalmente llegaron los resultados, ella fue la única que no se sorprendió. Lamento decir que el resto de nosotros habíamos estado un poco menos seguros ¡y las noticias nos llenaron de alegría! Hoy, han pasado más de diecisiete años desde que María recibió esa sentencia de muerte, y rápidamente la rechazó. En cuanto al Dr. Gray, ¡descubrió un Médico infalible con el cual consulta a diario!

¿Qué causó que María recibiera un milagro tan radical? La respuesta es simple: fe radical, del tipo que Dios, en sus Sagradas Escrituras, nos llama a tener: "Respondiendo Jesús, les dijo: Tened fe en Dios. Porque de cierto os digo que cualquiera que dijere a este monte: Quítate y échate en el mar, y no dudare en su corazón, sino creyere que será hecho lo que dice, lo que diga le será hecho." (Marcos 11: 22-23).

En este extraordinario pasaje de las Escrituras, Jesús, el Mesías, el unigénito Hijo de Dios, declara que lo que decimos se hará, ¡si solo creemos! Él comienza esta declaración con "de cierto", garantizando personalmente el resultado de la fe. No sé a qué montaña te enfrentas hoy, tal vez una crisis financiera, un problema en tu matrimonio o, como María, un diagnóstico negativo. Pero sí sé cómo se puede cambiar tu situación, poderosa y decisivamente.

Todo cambio en el mundo material se logra primero en el mundo espiritual: para cambiar nuestras circunstancias debemos aprender a movernos en un nivel sobrenatural. La clave es la fe, que la Biblia define como "la sustancia de las cosas esperadas, la evidencia de las cosas que no se ven" (Hebreos 11:1). Curiosamente, la primera palabra utilizada para definir la fe es "sustancia", que se refiere a algo real y tangible. La segunda palabra, "evidencia", tiene que ver con la prueba. En este caso, la prueba es la Palabra de Dios que asegura resultados tangibles. Así que la fe no es una especie de deseo vago y tenue; absolutamente no, es algo sólido y de peso, anclado en las inmutables y poderosas promesas de Dios.

La Biblia enseña que Jesús, a través de su muerte en la cruz, tomó todos nuestros pecados, así como nuestras enfermedades, y que "por sus llagas fuimos nosotros curados" (Isaías 53: 5). María siguió declarando esa promesa y agradeciendo a Dios por su sanidad completa. Además, siempre que era posible, escuchaba sermones sobre la curación sobrenatural, incluso los escuchaba mientras dormía. Ella sabía que era crítico que mantuviera su fe fuerte y "... la fe viene por el oír y el oír por la Palabra de Dios" (Romanos 10:17). Sin la Palabra de Dios, es imposible tener la fe que mueve montañas porque es un alimento para nuestro espíritu. Jesús dejó esto muy claro cuando, después de ayunar durante cuarenta días, el diablo lo retó a convertir las piedras en pan. La respuesta de nuestro Señor fue "El hombre no vivirá solo de pan, sino de cada palabra que sale de la boca de Dios" (Mateo 4:4). Para un espíritu débil y mal alimentado, mover incluso un montículo de tierra puede ser difícil, ¡imagínate una enorme montaña! Al igual que entrenas tu cuerpo para un maratón, debes fortalecer tu espíritu si quieres lograr grandes cosas.

Comienza a comprender la fe y sus características, y verás que la fe siempre opera en el tiempo presente. Nota que Isaías declara "por sus llagas fuimos nosotros curados". Tenemos que declarar las promesas de Dios como si ya se hubieran manifestado en nuestras vidas. No importa si acabas de perder tu trabajo y no sabes cómo vas a pagar tus facturas, declara que "... a los que aman a Dios, todas las cosas les ayudan a bien, esto es, a los que conforme a su propósito son llamados" (Romanos 8:28). E incluso si pasan los días y no ves ningún cambio en tus circunstancias, sigue declarando la Palabra de Dios. Recuerda que Dios llama a las cosas que no existen como si existieran a través de la palabra hablada. Como veremos en detalle más adelante, con nuestras palabras también creamos nuestra realidad.

Además, estudiaremos los obstáculos a la fe radical, que incluyen la falta de perdón, el orgullo y la impaciencia. A menos que estés lleno de amor, Dios, que es todo amor, no puede usarte poderosamente. Se supone que debemos actuar como tuberías a través de las cuales pueda fluir el agua viva de Dios. Pero una tubería se puede tapar con malezas y escombros, por lo que se vuelve ineficaz. Considera esta hermosa definición del amor que describe la naturaleza misma de nuestro Padre Celestial: "El amor es sufrido, es benigno; el amor no tiene envidia, el amor no es jactancioso, no se envanece; no hace nada indebido, no busca lo suyo, no se irrita, no guarda rencor; no se goza de la injusticia, mas se goza de la verdad. Todo lo sufre, todo lo cree, todo lo espera, todo lo soporta." (1 Corintios 13:4-7)

Los temas centrales de esa definición son el perdón, no guardar rencor y la paciencia, que siempre "todo lo cree" y "espera". Veremos en algunos de los casos verdaderos incluidos en este libro que el amor da alas a la fe, elevándola a un nivel sobrenatural. ¡Prepárate para sorprenderte al ver los milagros que un corazón creyente puede lograr! La curación de María es solo un ejemplo: hay muchos más y pronto sucederán en tu propia vida. Avancemos juntos, comprometidos a obtener la fe que mueve montañas y cambia incluso las circunstancias más oscuras. ¡Los mejores años de tu vida comienzan hoy!

Capítulo 2

La Importancia de la Fe

Había una cierta dama, la llamaremos Dolores, que siempre estaba infeliz y preocupada. A lo largo de los años, mi amada esposa, Mariam, había orado con ella muchas veces, pero Dolores parecía tener un suministro interminable de problemas nuevos. Tenía problemas de salud, problemas financieros, problemas con la depresión, relaciones turbulentas con sus hijos adultos, y muchos problemas más.

Dolores, una viuda, se sentía muy sola, y rara vez la visitaban sus hijos. Cada vez que Mariam oraba por ella, Dolores se ponía a gemir: "Gracias, Pastora, espero que sus oraciones se escuchen, aunque lo dudo. Porque, ayyy, conmigo siempre es una cosa u otra... La semana pasada mi auto se averió y soy demasiado pobre para arreglarlo. Mis hijos podrían ayudarme, pero claro que no lo harán. ¡Odian a su madre! He intentado decirles que como han roto el quinto mandamiento son culpables de romper los diez, pero ¿les importa? No claro que no. Piensan que solo soy una anciana, estúpida y mal de la cabeza. A lo mejor lo soy. Bueno, definitivamente estoy vieja. Mi artritis está peor que nunca, ¡mira, tengo que usar un bastón ahora! Pero tal vez también soy estúpida, supongo que es por eso que estoy tan sola. Nadie quiere pasar un par de horas con una anciana estúpida ... Ayyyy, pero el día que me muera lo lamentarán..."

Dolores es un ejemplo de alguien que, si de hecho ha recibido a Cristo, irá al cielo, ¡pero no disfrutará de su tiempo aquí en la tierra!

Digo *si* ella recibió a Cristo porque no todos los que van a la iglesia los domingos son verdaderos seguidores de nuestro Señor. Las Sagradas Escrituras declaran "que si confesares con tu boca que Jesús es el Señor y creyeres en tu corazón que Dios lo levantó de los muertos, serás salvo" (Romanos 10:9). Solo Dios sabe lo que Dolores cree en su corazón, pero las palabras que salen de su boca claramente no son declaraciones de fe y victoria.

Muchos cristianos viven vidas miserables porque continuamente se condenan a sí mismos:

"Te has enlazado con las palabras de tu boca,

Y has quedado preso en los dichos de tus labios." (Proverbios 6:2)

"La muerte y la vida están en el poder de la lengua,

Y el que la ama comerá de sus frutos. (Proverbios 18:21)

Desafortunadamente, los cristianos como Dolores son muy comunes. Dicen cosas como: "Mi esposo es un perdedor. ¡Por supuesto que nunca recibirá un aumento! ", o "es inútil, nunca quedaré embarazada", o "creo que hay gente destinada a ser pobre, como nosotros, por ejemplo". ¡Quiero sacudir a estas personas y decirles que dejen de maldecirse! Lo que decretas impacta directamente tu realidad.

Leemos en Génesis 1:3-31 que con sus palabras Dios creo el mundo. El primer día Dios dijo: "Sea la luz" y así se creó la luz". Luego, el segundo día Dios dijo: "Haya expansión en medio de las aguas, y separe las aguas de las aguas". El tercer día, Dios hizo que existieran la tierra y los mares; y continuó decretando la creación todos los días, culminando con el hombre en el sexto: "Entonces Dios dijo 'Hagamos al hombre a nuestra imagen, conforme a nuestra semejanza; y señoree en los peces del mar, en las aves de los cielos, en las bestias, en toda la tierra y en todo animal que se arrastra sobre la tierra. Y creó Dios al hombre a su imagen, a imagen de Dios lo creó; varón y hembra los creó".

Es importante tener en cuenta que Dios creó al hombre a su imagen y según su semejanza. Eso significa que nuestro Padre Celestial depositó en nosotros Sus atributos, que incluyen un tremendo poder para hacer que las cosas se manifiesten. ¡Es por eso por lo que Proverbios declara que nuestra lengua puede provocar la muerte y la vida! Como seguidores de Cristo, debemos ir decretando bendiciones sobre nosotros y nuestros seres queridos. Y también quiero decir que literalmente debemos poner las manos sobre nuestros hijos y bendecirlos. Esta fue una práctica seguida por todos los patriarcas bíblicos e instituida por nuestro Padre Celestial, quien, después de crear al hombre, lo bendijo de inmediato.

Aún si tus hijos son adultos, continúa poniéndoles tus manos en bendición. Durante una época, fue necesario que mi hijo condujera un largo y peligroso tramo de carretera para llegar desde Miami, donde vivíamos, a su universidad en Boca Ratón. Por lo general, en la mañana tenía prisa por irse, pero yo lo volvía a llamar, declarando la protección y el favor de Dios sobre él. Aunque al principio se quejaba que ya no era un niño pequeño, su actitud cambió después de lograr evitar varios accidentes.

Sobre todo, cuidado con lo que dices acerca de tus hijos. Nunca hables cosas que no quieres que se cumplan. ¡Controla tu lengua! Me duele cuando padres declaran maldiciones sobre sus hijos: "Anthony nunca progresará en nada". "Jackie es tan difícil que no podrá mantener un marido". "Con ese carácter que tiene, José va a terminar recibiendo un disparo". En vez de cosas negativas, declara cosas buenas sobre ellos y observa cómo se cumplen: "¡Anthony está logrando un gran éxito!" "Jackie se está preparando para un matrimonio maravilloso". "José está aprendiendo dominio propio y a controlar su lengua".

Por supuesto, no estoy sugiriendo que no debamos hablar con nuestros hijos sobre áreas que necesitan trabajo. Simplemente quiero advertirte que el pronunciar palabras negativas sobre las vidas de nuestros hijos puede tener consecuencias fatales. Mira, por ejemplo, el relato bíblico del profeta Elías y la viuda que se encuentra en 1 Reyes 17:8-24. Durante un tiempo en que no llovía en la tierra, Dios le había dicho a Elías que fuera a Sarepta donde cierta viuda le proporcionaría sustento. Pero en respuesta a la solicitud de comida que hizo el profeta, la mujer dijo: "Vive Jehová tu Dios, que no tengo pan cocido; solamente un puñado de harina tengo en la tinaja, y un poco de aceite en una vasija; y ahora recogía dos leños, para entrar y prepararlo para mí y para mi hijo, para que lo comamos, y nos dejemos morir" (v. 12).

Cuando Elías le asegura que no se quedará sin harina o aceite durante la sequía, la viuda supera su miedo y lo convierte en un pastel. Su decisión de obedecer a Dios activa Su promesa, por lo que las palabras de Elías se confirman y sobrenaturalmente, su provisión no se agota.

Sin embargo, leemos que aún con la presencia del profeta en su casa, el hijo muere.

Ahora bien, ¿recuerdas lo que esta madre había decretado cuando Elías le pidió comida por primera vez? ¡Había declarado muerte sobre su hijo y la muerte se manifestó para el pequeño! En ausencia de un padre, esta madre era la única cobertura espiritual del niño con toda autoridad sobre su vida. Pero en lugar de darse cuenta de que ella era la culpable, la viuda acusa a Elías ¡y el profeta, aparentemente en estado de shock, cuestiona a Dios! Sin embargo, nuestro Señor, que es infinitamente misericordioso, escucha las oraciones de Elías y le devuelve la vida al niño.

Así que ten cuidado con lo que decretas sobre sus hijos, sobre ti mismo, o cualquier otra persona. Mi esposa, Mariam, tenía un tío adicto al juego. Durante años trató de convencerlo de que buscara ayuda, sin éxito. "Nadie me hará parar", decía bromeando, "¡Voy a morir jugando al póker!" Y así fue que un día, cayó como una roca encima de las cartas que sostenía. Fiel a su promesa, el tío de Mariam había muerto en una mesa de póker de un ataque cardíaco masivo.

No puedo enfatizar suficientemente la importancia de la fe. El apóstol Pablo en Hebreos 11: 6 nos advierte que "sin fe es imposible agradar a Dios". ¡Qué declaración! El gran apóstol está declarando que no hay absolutamente ninguna esperanza de hacer feliz a nuestro Padre Celestial si carecemos de fe. Sin ella, no creemos en Dios, mucho menos en Su Hijo, Su Palabra o Su Reino. Sin fe estamos perdidos, caminando en la oscuridad y ciegos a la verdad.

La fe no solo es esencial para nuestra relación con Dios, es esencial para la guerra espiritual. En su carta a la iglesia en Éfeso, Pablo proporciona instrucciones para que se mantengan firmes contra el diablo:

"Estad, pues, firmes, ceñidos vuestros lomos con la verdad, y vestidos con la coraza de justicia, y calzados los pies con el apresto del evangelio de la paz. Sobre todo, tomad el escudo de la fe, con que podáis apagar todos los dardos de fuego del maligno. Y tomad el yelmo de la salvación, y la espada del Espíritu, que es la palabra de Dios; orando en todo tiempo con toda oración y súplica en el Espíritu, y velando en ello con toda perseverancia y súplica por todos los santos;". (Efesios 6:14-18).

Cada elemento es críticamente importante, pero ten en cuenta que el apóstol nos exhorta "sobre todo" a tomar el escudo de la fe. Sin el, somos completamente vulnerables a todo ataque demoníaco. Sin embargo, armados con el escudo de la fe, podemos apagar cada "dardo de fuego" que el enemigo nos arroje. Si recibes un mal informe del médico, ese es un "dardo de fuego" que puedes extinguir instantáneamente con tu fe en Dios y en Sus promesas de sanidad. Si el dardo de fuego es que tu hijo ha caído en las drogas, reclama una promesa de nuestro Padre Celestial como esta:

"...Y tu pleito yo lo defenderé,

Y yo salvaré a tus hijos" (Isaías 49: 25).

Independientemente de las malas noticias que se presenten, recuerda que Dios está de tu lado y ha preparado un excelente resultado para ti. El diablo puede tratar de susurrar que la situación no tiene remedio, pero con Dios nada es imposible (Lucas 1:37). Las Escrituras nos dicen que Satanás es un mentiroso y el padre de las mentiras. Su propósito es robar, matar y destruir. No creas nada de lo que dice; ¡elige creer en tu Padre Celestial que es la Verdad pura!

Si la fe es esencial tanto para nuestra relación con Dios como para la guerra espiritual, también es necesaria para obtener las promesas del reino. A menudo digo que la fe es como nuestras manos espirituales que se apropian de los tesoros prometidos en la Biblia. Como vimos en Marcos 11:24: "...lo que pidiereis orando, creed que lo recibiréis, y os vendrá". La Biblia nos enseña que Dios nos quiere saludables, prósperos, victoriosos, poderosos y alegres. No es la voluntad del Padre que un hijo suyo esté enfermo, pobre y débil. ¿Quieres eso para tu hijo o hija? ¡Por supuesto que no! Y cuánto más nuestro Padre Celestial desea cosas excelentes para ti y para mí.

Cuando aceptas a Jesucristo como tu Señor y Salvador, inmediatamente te conviertes en un coheredero, sentado con Él en lugares celestiales. ¡Eso significa que todo lo que el Hijo tiene ahora también es tuyo! Todo Su poder, autoridad, riquezas, todo lo que Él es y tiene, están disponibles para ti. Pero tienes que creer.

En la Epístola de Santiago, muy probablemente escrita por el hermano de Jesús, encontramos una advertencia importante:

"Pero pida con fe, no dudando nada; porque el que duda es semejante a la onda del mar, que es arrastrada por el viento y echada de una parte a otra. No piense, pues, quien tal haga, que recibirá cosa alguna del

Señor. El hombre de doble ánimo es inconstante en todos sus caminos."
(Santiago 1:6-8). Esta falta de fe es la razón por la cual tantos cristianos
nunca salen adelante en la vida: el Señor no les dará nada y, además de
eso, no tienen protección contra los dardos ardientes de Satanás. ¡Es un
doble golpe!

Ahora, por favor, no me malinterpreten, no estoy insinuando que
si eres un cristiano fuerte no tendrás problemas. Al contrario, el diablo
trabaja más duro en los creyentes fuertes, pero la fe convierte situaciones
malas en triunfos. Quizás recuerdes el relato bíblico de Sadrac, Mesac
y Abed-Nego, tres judíos que eran administradores en la provincia de
Babilonia. El rey Nabucodonosor había emitido un decreto exigiendo
que la gente adorara una imagen de oro o fuera ejecutada en un horno
en llamas. ¡Que los tres hombres se negaran a obedecer le había causado
furia al déspota! El fuego se calentó siete veces más de lo habitual, ¡hasta
el punto de que las llamas mataron a los guardias que los condujeron al
horno! Pero algo extraordinario estaba por suceder:

"Entonces el rey Nabucodonosor se espantó, y se levantó
apresuradamente y dijo a los de su consejo: ¿No echaron a tres varones
atados dentro del fuego? Ellos respondieron al rey: Es verdad, oh rey. Y
él dijo: He aquí yo veo cuatro varones sueltos, que se pasean en medio
del fuego sin sufrir ningún daño; y el aspecto del cuarto es semejante a
hijo de los dioses." (Daniel 3:24-25).

Cuando Sadrac, Mesac y Abed-Nego salieron del horno, ¡estaban
completamente ilesos y sin ataduras! El milagro hizo que Nabucodonosor
alabara a Dios y emitiera un decreto que "...todo pueblo, nación o lengua
que dijere blasfemia contra el Dios de Sadrac, Mesac y Abed-nego, sea
descuartizado, y su casa convertida en muladar; por cuanto no hay dios
que pueda librar como este." (Daniel 3:29). Hay que admitir que el rey
era muy creativo en lo que se trataba de castigos extremos. Sin embargo,
también supo recompensar, ¡y los tres judíos fueron promovidos! Este es
el tipo de resultado que Dios llevará a cabo si tienes fe.

Déjame darte otro ejemplo. Un miembro de mi iglesia vivió en
el Panhandle de la Florida en su juventud. Durante ese tiempo, en
septiembre de 2004, ella y su familia experimentaron la ira del huracán
Iván, una tormenta catastrófica que azoto nuestro país. Ángela me dijo
que, aunque inicialmente se pronosticaba que Iván atacaría el área de

Nueva Orleans, se sintió, guiada en oración, a comprar madera para cubrir las ventanas de su casa, y hacer otros preparativos. Impulsada por el Espíritu Santo, Angela reservó una habitación de hotel en una ciudad remota de Georgia, un lugar que estaba a unas ocho horas en coche de su hogar en la costa de Florida.

A su esposo, Rodrigo, no le gustaba mucho el plan: "Cariño, incluso si la tormenta comienza a venir en esta dirección, no hace falta ir tan lejos. Ten en cuenta que además de los niños, los gatos y los perros van con nosotros... ¡Nos volverán locos!" Pero Angela estaba segura de que había escuchado de Dios, y cuando el huracán se volvió hacia ellos, toda la familia saltó en su suburban, tomando dirección norte.

Al final resultó que, uno de los aspectos más feroces de Iván fue la cantidad de tornados que generó en Alabama, Florida y Georgia. El hotel donde Dios dirigió a Angela y su familia era un pequeño oasis de normalidad en medio de devastación generalizada, incluyendo inundaciones y cortes de energía. En su viaje de regreso, la familia se sorprendió al descubrir el caos que había sucedido a su alrededor

Una vez de vuelta en casa, descubrieron que, aunque tres árboles habían caído en el techo, el interior de la casa estaba intacto. No hubo daños por agua en absoluto, ¡realmente un milagro, porque vecinos que no habían tenido árboles caídos, estaban lidiando con más de dos pies de agua! Para ellos, la situación era una pesadilla: no solo se arruinaron sus posesiones, sino que sus paredes mojadas pronto se convirtieron en un peligro para la salud que las compañías de seguros se negaron a arreglar. "Es un problema de inundación y no está cubierto por su seguro", declararon rotundamente. Pero como el vecindario no estaba en una zona de inundación, nadie tenía seguro contra inundaciones y no podían obtener ayuda de su compañía de seguros... Excepto Ángela y su familia.

Rápidamente fueron visitados por un amable inspector que hizo un recuento detallado de todos los daños que supuestamente sufrieron como resultado de la tormenta. Muchos, como la cerca, habían estado en mal estado antes de Iván, un hecho que Ángela y Rodrigo le dijeron repetidamente al inspector, quien ignoro sus declaraciones.

Cuando llegó al techo, dijo con gran certidumbre: "Ja, con tres grandes árboles encima de la casa, deben tener mucho daño estructural".

Tres semanas después, recibieron de su compañía de seguros un cheque por más de $43,000. ¡Angela dijo que ella y su esposo se arrodillaron, asombrados por cómo Dios había convertido una aparente adversidad en tremenda bendición! Antes de Iván, su viejo techo tenía goteras, pero no podían permitirse uno nuevo. Ahora, con el cheque de la compañía de seguros, pudieron reparar el techo (los daños estructurales fueron leves), hicieron otros trabajos cosméticos en la casa y aún ahorraron $30,000. ¡Aleluya, Dios es tremendo!

Decide hoy que no serás como Dolores: ¡un cristiano quejoso, autocompasivo e ineficaz! Decide que vas a ser un gigante espiritual, lleno de fe y abundante en buenas obras. ¡Sigue los pasos de los tres judíos babilónicos y prepárate para impactar al mundo en el nombre de Jesús! Y tal como lo descubrieron Angela y su familia, recuerda que, si caminas con el Señor, todo problema se convierte en oportunidad.

CAPITULO 3

Fe en Acción

Vayamos más de dos mil años atrás, a una prisión en Filipos... Es un lugar temible, lleno de ratas, olores fétidos y gemidos desesperados. Es a este lugar que Pablo y Silas están siendo llevados. ¿Su crimen? ¡El haber liberado de un espíritu de adivinación a una joven adivina, lo cual, en la opinión de sus furiosos amos, era como matar a su ganso dorado! Para vengarse, los amos habían inventado unos cargos falsos, incitando a la multitud y logrando que las autoridades locales le cayeran a palos a Pablo y Silas.

Ahora, bajo órdenes de mantener a los dos hombres en la máxima seguridad, el carcelero los arrastra a las entrañas de la prisión, la mazmorra conocida como la "prisión interior".

Aquí es donde se guarda a los criminales más temidos y depravados; como ellos, los pies de Pablo y Silas están bien sujetos en el cepo. Apenas hay luz en este hueco infernal, una antorcha agonizante parpadea en las paredes que sudan moho y manchadas de excrementos. Incapaces de moverse, los presos tienen que hacer sus necesidades justo donde están; pocos duran más de un mes o dos, afectados por infecciones y enfermedades. Solo las ratas, tan largas como el antebrazo de un hombre y asombrosamente abundantes, no tienen problemas para prosperar aquí...

Pablo y Silas tienen muchas razones para cuestionar a Dios. Sus cuerpos desnudos y ensangrentados están encerrados en el destino más horrible de Filipos… Y encadenados en una bóveda sin ventanas, no tienen absolutamente ninguna esperanza de escapar.

Para colmo de males, ¡toda esta desgracia ha recaído sobre ellos porque estaban haciendo el trabajo de Dios, sacando un alma de las garras de Satanás! ¿Dónde estaba Dios durante todo esto? ¿Por qué había abandonado a sus fieles siervos? ¡La situación parecía completamente injusta! Nadie los culparía por agitar un puño cerrado al cielo, asumiendo, por supuesto, que sus pobres brazos golpeados estuvieran a la altura de tal ejercicio. Por lo menos, Pablo y Silas ciertamente se habían ganado el derecho de satisfacer un poco de quejas, murmuraciones y autocompasión…

Y, sin embargo, las Sagradas Escrituras revelan que en su hora más oscura, Pablo y Silas alababan al Señor: "Pero a medianoche, orando Pablo y Silas, cantaban himnos a Dios; y los presos los oían" (Hechos 16:25). Para nuestras mentes naturales, este acto de adoración no tiene ningún sentido; sin embargo, en lo sobrenatural, allana el camino para un milagro. Permíteme aclarar una cosa: si alguna circunstancia difícil ha entrado en tu vida, por ejemplo, si estás a punto de que el banco haga la ejecución hipotecaria de tu casa, tu no le das gracias a Dios ni lo alabas por esa circunstancia. Pablo y Silas no eran masoquistas; ¡No pensaron que era muy divertido que los mataran a golpes o los arrojaran a la cárcel para que se pudrieran! No, y tampoco tu disfrutas de los problemas financieros que conducen a una ejecución hipotecaria.

Pero es que nosotros alabamos a Dios en medio de cualquier circunstancia; porque tenemos fe en Él, sabiendo que, independientemente de cómo se vean las cosas, ¡las cambiará para nuestro bien! Y no solo para nuestro bien, sino para un mayor bien. Observa cómo en Hechos 16:25 mientras Pablo y Silas glorificaban a Dios, "los presos los oían". Como cristianos somos constantemente observados por los no creyentes y nunca más de cerca que cuando nos enfrentamos a pruebas. Una actitud de derrota y autocompasión no solo nos mantendrá en nuestro pozo de miseria, sino que también alejará a otros de Dios. Por el contrario, la fe inquebrantable en nuestro Dios cambia nuestras circunstancias mientras atrae a otros al Reino. Volvamos a Pablo y Silas, adorando abiertamente al Todopoderoso:

"Entonces sobrevino de repente un gran terremoto, de tal manera que los cimientos de la cárcel se sacudían; y al instante se abrieron todas las puertas, y las cadenas de todos se soltaron. Despertando el carcelero, y viendo abiertas las puertas de la cárcel, sacó la espada y se iba a matar, pensando que los presos habían huido. Mas Pablo clamó a gran voz, diciendo: No te hagas ningún mal, pues todos estamos aquí.

Él entonces, pidiendo luz, se precipitó adentro, y temblando, se postró a los pies de Pablo y de Silas; y sacándolos, les dijo: Señores, ¿qué debo hacer para ser salvo?

Ellos dijeron: Cree en el Señor Jesucristo, y serás salvo, tú y tu casa. Y le hablaron la palabra del Señor a él y a todos los que estaban en su casa. Y él, tomándolos en aquella misma hora de la noche, les lavó las heridas; y en seguida se bautizó él con todos los suyos. Y llevándolos a su casa, les puso la mesa; y se regocijó con toda su casa de haber creído a Dios." (Hechos 16: 26-34)

¡Qué resultado tan fantástico! El carcelero y su familia se salvaron y podemos concluir que una buena parte de los prisioneros, tal vez incluso todos, ¡también vinieron a Cristo! Después de todo, algo grande debió haberles sucedido porque, aunque sus cadenas y todas las puertas se habían abierto, no se escaparon, sino que se quedaron con Pablo y Silas. Estos eran delincuentes endurecidos que no dudarían en huir si se les daba la oportunidad, pero Pablo le dijo al carcelero que no se suicidara porque "todos estamos aquí".

La historia no termina ahí. A la mañana siguiente, los magistrados envían un mensaje para que Pablo y Silas sean liberados; claramente han vinculado el terremoto a los dos cristianos y han oído hablar de los asombrosos eventos en la prisión. Pero la respuesta de Pablo a sus emisarios es algo sorprendente: "Nos han golpeado abiertamente y nos han arrojado a la cárcel. ¿Y ahora nos sacan en secreto? ¡No! Que vengan ellos mismos y nos saquen de aquí." ¿Por qué haría Pablo eso? ¿Por qué no aceptar el perdón y dejar Filipos lo más rápidamente posible, antes de que los magistrados cambiaran de opinión?

La razón es que la agenda de Dios siempre involucra el bien mayor. Recuerda que los amos de la adivina habían incitado al pueblo a alzarse contra Pablo y Silas. Era importante que la gente de Filipos viera cómo Dios había rescatado milagrosamente a los suyos, estableciendo públicamente su inocencia mientras restauraba su dignidad y credibilidad. Estos eventos abrieron el camino para que innumerables personas llegaran al Único Dios Verdadero, el Cristo a quien Pablo y Silas predicaban.

A medida que continuamos estudiando la fe en acción, verás que los creyentes fuertes se niegan a mirar las circunstancias. Esto se debe a que Satanás opera en lo natural. Establece situaciones que se ven muy mal y están destinadas a desanimarnos y derrotarnos. ¿Recuerdas el relato bíblico de José, el hijo favorito de Jacob? De joven tuvo un sueño que, imprudentemente, compartió con sus hermanos, diez hombres que ya le tenían rabia:

"He aquí que atábamos manojos en medio del campo, y he aquí que mi manojo se levantaba y estaba derecho, y que vuestros manojos estaban alrededor y se inclinaban al mío. Le respondieron sus hermanos: ¿Reinarás tú sobre nosotros, o señorearás sobre nosotros? Y le aborrecieron aún más a causa de sus sueños y sus palabras." (Génesis 37: 7-8).

Después de contemplar la idea de asesinar a José, los hermanos lo venden a unos comerciantes madianitas que, a su vez, lo venden a Potifar, un oficial de alto rango del faraón egipcio. De acuerdo con las Sagradas Escrituras, José trabajó duro y el Señor estaba con él, lo que hizo que los esfuerzos del joven prosperasen. Pronto, Potifar hace que José supervise su casa, confiando en él con todo lo que tiene. Hasta este punto y, a pesar de la traición de sus hermanos, la vida de José parece estar bien embarcada para la realización de su sueño. Él es el supervisor muy valorado y respetado de uno de los hombres clave del faraón; seguramente hay grandes cosas al alcance de su mano, si mantiene su buen trabajo y confía en Dios...

Pero entonces, a través de la esposa de Potifar, Satanás ataca. La mujer, que no era exactamente un modelo de virtud, estaba deseando a José: "... y ella dijo: Duerme conmigo'. Pero él se negó y le dijo a la esposa de su amo: He aquí que mi señor no se preocupa conmigo de lo que hay en casa, y ha puesto en mi mano todo lo que tiene. No hay otro mayor que yo en esta casa, y ninguna cosa me ha reservado sino a ti, por cuanto tú eres su mujer; ¿Cómo, pues, haría yo este grande mal, y pecaría contra Dios?'" (Génesis 39:8-9).

La esposa de Potifar, que no se desanima tan fácilmente, persevera en su intento de seducción, hasta que un día, cuando están solos en la casa, lo atrapa por su ropa, tratando de forzar su agenda sexual. José logra liberarse y salir corriendo, pero la mujer, sintiéndose despreciada, usará la prenda para apoyar su acusación de que el joven estaba tratando de violarla. Y así de fácil, justo cuando las cosas parecían brillantes para el futuro de José, se encuentra en la prisión de Faraón, donde pasará varios largos años.

En un momento todo cambia en la vida de José. Pasó de ser un capataz respetado a un delincuente despreciable. Satanás ha coreografiado un conjunto de circunstancias diseñadas para robar los sueños de José y destrozar su fe. Pero el joven no se deja desanimar, y pronto el guardián de la prisión lo pone a cargo de los otros prisioneros, ¡manteniéndolo en la más alta estima!

Quiero señalar algo interesante. En los 23 versículos del capítulo 39 de Génesis, leemos cuatro veces que el Señor estaba con José:

"Mas Jehová estaba con José, y fue varón próspero; y estaba en la casa de su amo el egipcio." (Génesis 39: 2)

"Y vio su amo que Jehová estaba con él, y que todo lo que él hacía, Jehová lo hacía prosperar en su mano." . (Génesis 39: 3)

"Pero Jehová estaba con José y le extendió su misericordia, y le dio gracia en los ojos del jefe de la cárcel." . (Génesis 39:21)

"No necesitaba atender el jefe de la cárcel cosa alguna de las que estaban al cuidado de José, porque Jehová estaba con José, y lo que él hacía, Jehová lo prosperaba." . (Génesis 39:23)

Pero puedes preguntarte si el Señor está con todos Sus hijos, ¿por qué Génesis 39 enfatiza tan particularmente la cercanía de Dios con José? ¿Tiene preferencias ? No, por supuesto que no, la Escritura enseña claramente que Dios no hace acepción de personas (Hechos 10:34). Además, Santiago nos dice que "Acercaos a Dios, y él se acercará a vosotros" (Santiago 4: 8). Entonces podemos concluir que, a lo largo de sus pruebas, la fe de José lo hizo caminar en una gran intimidad con su Padre celestial.

Además, podemos estar seguros de que José habló tanto con Potifar como con el guardián de la prisión acerca de su Dios. Esta es la razón por la que ambos hombres, paganos que de otro modo no habrían sabido sobre el Dios de José, vieron que el Señor estaba realmente con él. Debido a que José mantuvo sus ojos en Dios y sus promesas, no en las circunstancias, finalmente fue elevado a una posición de gran poder e influencia, solo superada por el mismo Faraón. Dios también le dio a José la oportunidad de perdonar y bendecir a sus hermanos, utilizándolo como un canal de reconciliación y amor.

Por lo que sea que estas pasando, haz como José y mantén tus ojos en Dios. Si comienzas a analizar el problema e intentas resolver las cosas de forma natural, prepárate para hundirte. Literalmente. ¿Recuerdas cuando los discípulos estaban solos en medio del mar que Jesús vino a ellos, sin el beneficio de una barca? Veamos lo que sucedió: "Y ya la barca estaba en medio del mar, azotada por las olas; porque el viento era contrario. Mas a la cuarta vigilia de la noche, Jesús vino a ellos andando sobre el mar. Y los discípulos, viéndole andar sobre el mar, se turbaron, diciendo: ¡Un fantasma! Y dieron voces de miedo.

Pero en seguida Jesús les habló, diciendo: ¡Tened ánimo; yo soy, no temáis!

Entonces le respondió Pedro, y dijo: Señor, si eres tú, manda que yo vaya a ti sobre las aguas.

Y él dijo: Ven. Y descendiendo Pedro de la barca, andaba sobre las aguas para ir a Jesús. Pero al ver el fuerte viento, tuvo miedo; y comenzando a hundirse, dio voces, diciendo: ¡Señor, sálvame!

Al momento Jesús, extendiendo la mano, asió de él, y le dijo: ¡Hombre de poca fe! ¿Por qué dudaste? Y cuando ellos subieron en la barca, se calmó el viento.". (Mateo 14: 24-32)

Vemos en este relato que Pedro comienza lleno de fe. ¡Sabía que nada era imposible con Jesús y que en Su Palabra él también podía caminar sobre el agua! Al principio todo va bien: Pedro sale de la barca y comienza a caminar hacia el Maestro; luego, según las Escrituras, ¡ve el viento y siente miedo! Permítanme aclarar una cosa: el viento no acababa de comenzar. La biblia nos dice que la barca fue sacudida por las olas incluso cuando Jesús se acercó a ellos y Pedro hizo su pedido. Lo único que cambió fue el enfoque de Pedro, que pasó del Señor a lo que estaba sucediendo en lo natural. Y recuerda que Satanás usa lo natural para inyectarnos miedo, la misma antítesis de la fe. Cuando Pedro tuvo miedo, comenzó a hundirse. Es por lo que las Sagradas Escrituras nos exhortan a "caminar por fe y no por vista" (2 Corintios 5: 7).

Es imposible que la fe perfecta y el miedo coexistan. Si realmente conoces a Dios y lo amas, confiarás en Él por completo. Si confías en

Él completamente, no puedes temer, porque el miedo es simplemente falta de confianza. ¿Cómo sabes si tu fe es perfecta? Bueno, pregúntate, ¿tienes miedo? Veamos este ejemplo bíblico de Abraham, el Padre de la fe, cuando Dios le pidió que sacrificara a Isaac:

"Aconteció después de estas cosas, que probó Dios a Abraham, y le dijo: Abraham. Y él respondió: Heme aquí. Y dijo: Toma ahora tu hijo, tu único, Isaac, a quien amas, y vete a tierra de Moriah, y ofrécelo allí en holocausto sobre uno de los montes que yo te diré. Y Abraham se levantó muy de mañana, y enalbardó su asno, y tomó consigo dos siervos suyos, y a Isaac su hijo; y cortó leña para el holocausto, y se levantó, y fue al lugar que Dios le dijo. Al tercer día alzó Abraham sus ojos, y vio el lugar de lejos. Entonces dijo Abraham a sus siervos: Esperad aquí con el asno, y yo y el muchacho iremos hasta allí y adoraremos, y volveremos a vosotros. Y tomó Abraham la leña del holocausto, y la puso sobre Isaac su hijo, y él tomó en su mano el fuego y el cuchillo; y fueron ambos juntos. Entonces habló Isaac a Abraham su padre, y dijo: Padre mío. Y él respondió: Heme aquí, mi hijo. Y él dijo: He aquí el fuego y la leña; mas ¿dónde está el cordero para el holocausto? Y respondió Abraham: Dios se proveerá de cordero para el holocausto, hijo mío. E iban juntos.". (Génesis 22: 1-8)

Me gustaría llamar su atención a varios detalles importantes en esta historia. En primer lugar, Abraham obedeció a Dios de inmediato. No pensó las cosas por unos días, analizando, tal vez discutiendo el asunto con Sara ... ¡Y menos mal que no lo hizo! El diablo a menudo usa a otras personas y nuestro propio intelecto para empujarnos a la desobediencia. Puedo imaginar la reacción de Sara: "¿Qué, estás loco, Abraham? ¿Ya te has vuelto senil? ¡Ese no era Dios! ¿Cómo se supone que te convertirás en una gran nación si matas a nuestro único hijo? Tomaste demasiado vino con la cena, ¡eso es! Y no te imagines que vas a llevar mi Isaac a ninguna parte mañana, ¡no lo permitiré!" No, creo que muy sabiamente, Abraham guardó sus órdenes divinas para sí mismo, eligiendo irse al primer amanecer.

El segundo hecho significativo en este relato es que Abraham no tiene miedo. No lo vemos cuestionando a Dios, discutiendo con Él, o de otra manera desconfiado. Por el contrario, simplemente acepta el mandato de Dios y realiza todos los preparativos necesarios. Abraham conoce a su Señor tan bien como las promesas que ha recibido; en consecuencia, él opera en confianza.

El tercer punto que me gustaría subrayar es que Abraham no cree que Dios se va a llevar a su hijo. Observe que en Génesis 22:5, le dice a sus compañeros: "Esperad aquí con el asno, y yo y el muchacho iremos hasta allí y adoraremos, y *volveremos a vosotros*". Unos pocos versículos después, cuando Isaac pregunta por el cordero para la ofrenda de sacrificio, Abraham le asegura que el Señor proporcionará uno. Recuerda que Abraham era "el amigo de Dios", que conocía íntimamente Su corazón de amor, Su completa fidelidad, y creía que Isaac se salvaría. Incluso cuando levantó el cuchillo sobre el pecho de Isaac, ¡Abraham seguramente estaba convencido de que el Señor lo resucitaría de entre los muertos, si en realidad iba a permitir el sacrificio!

Este es el tipo de fe que tenemos que ejercer. Como bulldogs espirituales, debemos hundir nuestros dientes en las promesas de Dios y no soltarnos, ¡no importa cuánto Satanás intente sacudirnos! Dios le dio a Abraham un carnero para sacrificarlo en lugar de Isaac, honrando la fe de Abraham. Y Él honrará tu fe si te quedas firme, confiando solo en Él. El diablo no puede bloquear tus bendiciones; él solo puede tratar de distraerte, esperando apartar tus ojos de Dios. Lo único que puede limitar lo que Dios hace por nosotros es nuestra falta de fe, nuestra incapacidad para creer completamente en el Todopoderoso y Su Palabra. Las Escrituras registran que cuando Jesús estaba en Nazaret, su ciudad natal, "Y no hizo allí muchos milagros, a causa de la incredulidad de ellos" (Mateo 13:58). ¡Que ese nunca sea el caso en nuestras vidas, ya que nos comprometemos a nutrir nuestro espíritu con la Palabra de Dios y acercarnos cada día más a nuestro Creador!

CAPITULO 4

Obteniendo Fe

Hace algunos años, un amigo mío compró una membresía para un club privado en el sur de Florida. Era un lugar hermoso y exclusivo, con playa privada, restaurantes, spa, canchas de tenis y otras comodidades. Cuando su hija se casó, la recepción se llevó a cabo en el club, ¡fue espectacular! El Chef Ejecutivo había desarrollado un menú especial y nos deleitamos con deliciosos manjares, mientras contemplábamos las aguas cristalinas del Atlántico.

A mi esposa y a mí nos hubiera encantado volver solos, disfrutar del brunch del domingo servido junto a la piscina, o uno de sus famosos buffets de mariscos. ¡Estoy seguro de que Mariam también habría estado muy contenta viéndome sudar un poco en el gimnasio! Desafortunadamente, (¡afortunadamente cuando se trata del gimnasio!), todos esos beneficios están reservados solo para miembros con tarjeta.

Le pregunté a mi amigo, qué se necesitaba para unirnos al club. "Tienes que hablar con el Director de Membresía", dijo, "él te explicará todo lo que está disponible para los miembros; las reglas que tenemos que respetar, y las cuotas mensuales. ¡Es un proceso sencillo y las recompensas valen la pena!"

Menciono esta historia para ilustrar una verdad básica acerca de cosechar las bendiciones de la fe: ¡debes ser miembro del club! Y la única forma de unirse al Reino de la Luz es a través de Jesús, el único Director de Membresía. Ahora, algunos de ustedes piensan que hay muchas maneras de entrar al Reino de los Cielos. Mil veces he escuchado decir: "Bueno, todos los caminos conducen a Roma. Estoy seguro de que los budistas y musulmanes y otras personas bien intencionadas también irán al cielo. Después de todo, Dios es amor." ¡Esta es una mentira directa de Satanás, diseñada para que la muerte del Señor no tenga efecto y vayas al infierno! Jesús dijo claramente: "Yo soy el camino, la verdad y la vida. Nadie viene al Padre sino por mí" (Juan 14: 6).

Para entender por qué Jesús es el único camino hacia el Padre, tenemos que volver al Jardín del Edén. Allí, en medio de ese bello paraíso, la Escritura menciona específicamente dos árboles: el árbol de la vida y el árbol del conocimiento del bien y del mal. El primer árbol simboliza todo lo que es bueno, nuestra vida fluyendo junto con Dios y la inmortalidad resultante. El árbol del conocimiento del bien y del mal, por otro lado, representa al hombre separado de Dios, independiente y moviéndose en autogobierno. Ahora Dios dijo a Adán y Eva que "… De todo árbol del huerto podrás comer; mas del árbol de la ciencia del bien y del mal no comerás; porque el día que de él comieres, ciertamente morirás." (Génesis 2: 16-17).

Como dijimos anteriormente, el Señor hizo a Adán y Eva a su imagen y semejanza; por lo tanto, como nuestro Creador, tenemos libre albedrío. En el Jardín, Dios le había dado al hombre toda autoridad y dominio sobre su creación; pero cuando decidió desobedecer comiendo del árbol prohibido, ¡las consecuencias fueron desastrosas! Le dimos autoridad a Satanás, el hombre y nuestro planeta fueron maldecidos y el pecado entró en nuestros corazones. Sobre todo, nos separaron de la comunión con nuestro Padre y fuimos expulsados del Jardín.

La maldición del pecado tiene muchas facetas, algunas de las cuales se detallan específicamente en Génesis 3:16-19, incluyendo dolor físico, trabajo arduo y muerte física. Pero aún cuando el hombre estaba cayendo, Dios ya tenía un plan para nuestra redención.

Hablando a la serpiente, Él declara: "Y pondré enemistad entre ti y la mujer, y entre tu simiente y la simiente suya; esta te herirá en la cabeza, y tú le herirás en el calcañar." (Génesis 3:15). Jesucristo nació de una mujer, completamente hombre y completamente Dios, y ha aplastado la cabeza de Satanás al tomar todos nuestros pecados, y el castigo que merecíamos, sobre Sí mismo en la cruz.

En el Antiguo Testamento bajo el Antiguo Pacto, se requerían sacrificios de animales como expiación por nuestros pecados. Pero el Mesías, Jesucristo, se ofrece como el Cordero de Dios que quita los pecados del mundo de una vez por todas. Él introduce un Nuevo Pacto de Gracia y reconciliación con nuestro Padre Celestial. Contrastando a Adán y Jesús, el apóstol Pablo señala que

"Porque así como por la desobediencia de un hombre los muchos fueron constituidos pecadores, así también por la obediencia de uno, los muchos serán constituidos justos." (Romanos 5:19).

Pero para recibir esa justicia, ¡debes hacer de Jesucristo tu Señor y Salvador! ¡Sufrió una muerte insoportable porque sabía que no había otra forma de redimir a la humanidad! Jesús fue brutalmente azotado con un látigo romano, escupido, golpeado en la cabeza, obligado a usar una corona de espinas y clavado en una cruz donde estuvo colgado durante horas, lentamente asfixiándose. Plenamente consciente de lo que le estaba reservado, nuestro Salvador ora en el jardín de Getsemaní: "…si es posible, pase de mí esta copa; pero no sea como yo quiero, sino como tú." (Mateo 26:39). Claramente, no era posible que la humanidad fuera redimida sin la muerte de Cristo en la cruz. Jesús es el único camino al Padre: no dejes que Satanás te engañe para que pienses lo contrario.

Si nunca le has pedido a Jesús que entre en tu vida, ¡no demores más! Di en voz alta la siguiente oración: Padre celestial, estoy aquí en Tu presencia rogándote misericordia y arrepintiéndome de todos mis pecados. Sé que me escuchas y que me perdonas. Declaro con la boca lo que creo en mi corazón: que Jesucristo de Nazaret murió por mis pecados en la cruz del Calvario y que el poder de su sangre me limpia de todos mis pecados. Creo que, al tercer día, Jesucristo resucitó de entre los muertos y ahora lo recibo en mi corazón como mi Señor y Salvador personal. ¡Me declaro libre de las obras del diablo! ¡Nací de nuevo y de hoy en adelante, solo te serviré a Ti! Amén.

¡Felicidades! Ahora, a través de la fe, puedes comenzar a apropiarte de las bendiciones de Dios. En la ilustración que di de unirse a un club privado, los posibles miembros están familiarizados con las comodidades y los beneficios, así como con las normas y reglamentos. ¡Así es cuando te unes al Reino de la Luz! Aprendemos rápidamente que ahora somos coherederos con Jesucristo, que tenemos toda su autoridad y poder, y que actualmente estamos sentados en lugares celestiales con El: "...Dios envió a su Hijo, nacido de mujer y nacido bajo la ley, para que redimiese a los que estaban bajo la ley, a fin de que recibiésemos la adopción de hijos. Y por cuanto sois hijos, Dios envió a vuestros corazones el Espíritu de su Hijo, el cual clama: ¡Abba, Padre! Así que ya no eres esclavo, sino hijo; y si hijo, también heredero de Dios por medio de Cristo." (Gálatas 4:4-7).

"y juntamente con él nos resucitó, y asimismo nos hizo sentar en los lugares celestiales con Cristo Jesús, para mostrar en los siglos venideros las abundantes riquezas de su gracia en su bondad para con nosotros en Cristo Jesús." (Efesios 2:6-7).

Esto es asombroso, ¡y una de las razones por las cuales el Evangelio es la Buena Nueva! Porque eres un coheredero con Jesús, todo lo que Él tiene también es tuyo. ¡No solo dio su vida para que pudieras ir al cielo, sino para que también pudieras tener una vida abundante aquí en la tierra! Dios quiere que tengas salud abundante, finanzas abundantes, éxito abundante, y que te desbordes de alegría, paz, amor, y buenas obras. De hecho, Jesús dijo: "De cierto, de cierto os digo: El que en mí cree, las obras que yo hago, él las hará también; y aun mayores hará, porque yo voy al Padre. Y todo lo que pidiereis al Padre en mi nombre, lo haré, para que el Padre sea glorificado en el Hijo. Si algo pidiereis en mi nombre, yo lo haré." (Juan 14: 12-14).

Por supuesto, como hemos dicho repetidamente, debes creer para recibir. Primero, cree en Cristo como tu Señor y Salvador personal, luego cree en Su Palabra, que requiere leer y estudiar la Biblia.

En el club privado de mi amigo hay ciertas reglas que los miembros deben seguir. Por ejemplo, en el restaurante formal, no se te servirá si no llevas zapatos y camisa. La expectativa es que los invitados en este oasis de pisos de mármol, cojines de seda, y porcelana importada se vistan de manera adecuada. Del mismo modo, Dios espera ciertas cosas de nosotros y, a menos que respetemos sus requisitos, ciertamente no recibiremos lo que hemos pedido.

El perdón es uno de los requisitos básicos del Todopoderoso. Jesús dijo: "Porque si perdonáis a los hombres sus ofensas, os perdonará también a vosotros vuestro Padre celestial; mas si no perdonáis a los hombres sus ofensas, tampoco vuestro Padre os perdonará vuestras ofensas." (Mateo 6: 14-15). Y no pienses que, porque alguien te hizo algo terrible, tienes derecho a guardar rencor: las reglas de Dios se aplican a todos, independientemente de las circunstancias.

Hace muchos años, teníamos un miembro de la iglesia que me parecía particularmente amargado e insatisfecho con la vida. Aunque Fred solo tenía cuarenta y tantos años, era gris y artrítico, su frente se arrugó con un ceño fruncido perpetuo. Nunca se había casado ni tenía hijos, y aunque a veces se ofrecía como voluntario para eventos de la iglesia, el deber, en lugar del amor, parecía ser su motivación. Un día, en un autobús que se dirigía a una conferencia cristiana, Fred y yo estábamos sentados uno al lado del otro. Después de un rato, sentí que me miraba por el rabillo del ojo.

"Pastor", dijo, tan suavemente que tuve que inclinarme hacia él, "si Dios es bueno, ¿por qué mi vida ha sido tan mala?"

La pregunta fue inesperada pero antes de que pudiera pensar en una respuesta, él me estaba contando su historia Había sido criado por su madre, una alcohólica que comenzó a abusarle sexualmente en el primer grado. La mujer también era violenta y, para citar a Fred, "maluca como una cascabel". Disfrutaba prometerle golosinas y otras cosas especiales, para luego encontrar cualquier excusa y desvanecer sus esperanzas. Cuando Fred tenía nueve años, ella prometió llevarlo a la feria anual. El niño nunca había ido y estaba tan emocionado que no pudo dormir la noche anterior. Temprano por la mañana, se vistió y fue a preparar el desayuno de su madre, como siempre hacía. Pero ella encontró defecto en todo: el café estaba demasiado suave, los huevos demasiado cocidos, las tostadas frías. Nada de eso era cierto, simplemente excusas para no llevarlo a la feria y para arrojarle un plato a la cabeza.

Ese fue probablemente el día en que Fred comenzó a odiar a su madre. A veces la imaginaba muriéndose y la idea era inmensamente gratificante. Finalmente, cuando cumplió quince años, se escapó y nunca la volvió a ver. Desafortunadamente, el tiempo no sanó su corazón, ni disminuyó el odio que sentía por su madre. "Ella destruyó mi vida, Pastor", suspiró Fred al final de su historia. "Debido a esa mujer tengo problemas de intimidad y nunca he podido darle mi corazón a nadie. Todavía tengo pesadillas sobre mi infancia... Sé que Dios no esperaría que perdonara a alguien así."

Ser pastor requiere decir la verdad de Dios, incluso cuando es difícil, y ciertamente sentí mucha pena por lo que Fred había pasado. Pero su conclusión era errónea. "Como seguidores de Cristo, tenemos que modelar su ejemplo", le dije. "Y cuando Jesús estaba agonizando en la cruz, le pidió al Padre "perdónalos, porque no saben lo que hacen" (Lucas 23:34).

"Pero ese era Jesús", dijo Fred. "Solo soy una persona normal. Y lo que hizo fue tan perverso..."

He escuchado variaciones de esa declaración muchas veces a lo largo de los años y, en general, mi respuesta ha sido la misma: "No importa lo que te hicieron, debes perdonar. Cristo está en ti y te ayudará, si solo estás dispuesto". Jesús enseñó que: "...si perdonáis a los hombres sus ofensas, os perdonará también a vosotros vuestro Padre celestial; mas si no perdonáis a los hombres sus ofensas, tampoco vuestro Padre os perdonará vuestras ofensas.".

La falta de perdón es uno de los mayores obstáculos para recibir bendiciones; en realidad nos mantiene operando bajo la maldición. Las personas que son amargas corren el riesgo de todo tipo de problemas de salud, incluyendo la diabetes y la artritis. También a menudo no siguen adelante con sus vidas porque están muy concentrados en sus heridas y los males que sufrieron. Mira a Fred: en lugar de confiar en Cristo para renovar su mente y salir bien del abuso infantil, se quedó en un lugar de quebrantamiento y sufrimiento. Alguien me dijo una vez que la falta de perdón es como beber veneno y esperar que la otra persona muera. ¡Te perjudica solo a ti!

Además del perdón, unirse al Reino de la Luz requiere caminar con humildad. Las Sagradas Escrituras son muy claras: "Dios resiste a los soberbios, y da gracia a los humildes" (Santiago 4:6). Un espíritu orgulloso no es capaz de aprender, siempre piensa que tiene razón y menosprecia a los demás. Se supone que como cristianos debemos crecer continuamente, ya que examinamos con honestidad nuestras áreas de debilidad y nos comprometemos a cambiar, con la ayuda del Señor. ¡El problema es que, si eres orgulloso, no crees que necesites cambiar! Además, un espíritu orgulloso tiene dificultades para someterse a otros, o lo más importante, a Dios. Ahora, dado que un espíritu orgulloso no se da cuenta de sus fallas, ¿cómo podemos saber si estamos llenos de orgullo?

Como en todas las cosas, debemos comenzar recurriendo al Espíritu Santo, pidiéndole que nos muestre la verdad. También debemos tener en cuenta lo que otros hermanos y hermanas en Cristo han dicho sobre nosotros: ¿nos han acusado de orgullo las personas que respetamos? Finalmente, debemos examinar cuidadosamente nuestro caminar con Cristo. ¿Todavía estamos más o menos donde comenzamos, o podemos ver que hemos progresado realmente? Si no, recurra a Dios y pida Su ayuda, la cual Él siempre extiende con tanta gracia.

Pero nuestro Padre espera que también hagamos un esfuerzo. El apóstol Pablo lo dijo de esta manera: "Digo, pues, por la gracia que me es dada, a cada cual que está entre vosotros, que no tenga más alto concepto de sí que el que debe tener, sino que piense de sí con cordura, conforme a la medida de fe que Dios repartió a cada uno" (Romanos 12:3). Sigue recordándote a ti mismo que todo lo que tienes (tus habilidades, tus posesiones, incluso la fe que te llevó a la Salvación) es un regalo de Dios. Puedes pensar que eres muy inteligente, pero si Dios no te hubiera dado un buen cerebro, ¡serías un idiota! Así que comienza a darle gracias por todo lo bueno que te ha dado: el elogio es un excelente antídoto para el orgullo porque nos quita los ojos de nosotros mismos y los pone en nuestro Creador.

La falta de perdón y el orgullo nos impiden caminar en el amor y el amor es el motor que impulsa nuestra fe. Deja que el amor perfecto sea tu estándar y elimina todo lo contrario al corazón de Dios. Sé que no es fácil, pero es por eso que las Escrituras comparan el cristianismo con correr una carrera, la agricultura y el trabajo militar. Del mismo modo que mi amigo tiene que pagar cuotas para disfrutar de su club, hay un costo en ser un seguidor de Cristo. Hablando a las multitudes, Jesús dijo: "Y el que no lleva su cruz y viene en pos de mí, no puede ser mi discípulo. Porque ¿quién de vosotros, queriendo edificar una torre, no se sienta primero y calcula los gastos, a ver si tiene lo que necesita para acabarla? No sea que después que haya puesto el cimiento, y no pueda acabarla, todos los que lo vean comiencen a hacer burla de él" (Lucas 14: 27-29).

Como cristianos debemos crucificar las cosas de la carne que nos impiden caminar en el Espíritu. ¿Tienes una lengua chismosa? ¡Crucifícala! Esa lengua puede evitar que cumplas tu potencial en Cristo; También alienta a los no creyentes a que se burlen de nuestra fe. ¿Podemos culparlos por llamarnos hipócritas cuando decimos seguir a Jesús pero actuamos como demonios? Crucifica cualquier cosa que nos haga desobedientes a la voluntad de Dios. Cuenta el costo de seguir a Cristo, sabiendo que unirse a su club no es para débiles, ¡pero sabiendo también con toda seguridad que las recompensas son literalmente fuera de este mundo!

Capitulo 5

Cómo Opera la Fe

Cuando mi hija estaba pequeña, era un pez. Le encantaba la piscina, e incluso antes de que pudiera nadar, una de sus actividades favoritas era arrojarse desde el borde y caer en mis brazos. Lo hacía una y otra vez, chillando de alegría, sin dudar de que yo la atraparía siempre. ¡A los tres años, su fe en mí era perfecta! Mi hija nunca se puso a analizar la situación, calculando las probabilidades de que pudiera equivocarme, o preguntándome si estaba inclinado favorablemente hacia ella en ese día en particular ... No, ella simplemente sabía que yo soy su padre que la ama y siempre estaré ahí para ella. Del mismo modo, Jesús enseñó que a menos que nos convirtamos en niños pequeños, nunca veremos el Reino de los Cielos.

¿Cuáles son las características infantiles que Dios quiere que imitemos? La primera es la confianza, pura y simple, que mi hija mostraba en la piscina. Nuestro Padre Celestial quiere que sepamos con total seguridad que siempre nos atrapará. Ahora me gustaría aclarar una cosa: ¡no debemos poner a prueba a Dios con un comportamiento tonto! Por ejemplo, si decides nadar en un tanque lleno de tiburones, ¡puedes esperar que te coman! ¡Dios te ha dado un cerebro que espera que uses! Incluso Jesús, cuando el diablo le dijo que se arrojara del punto más alto del templo, respondió "...Escrito está también: No tentarás al Señor tu Dios." (Mateo 4:7).

Un hombre vino a verme, muy molesto con el Señor. Su rostro lucía terriblemente arañado, magullado e hinchado; uno de sus brazos estaba enyesado y caminaba con dificultad. Se veía tan mal que no lo reconocí de inmediato, aunque era un joven periodista cristiano que me había entrevistado varias veces. "Pastor", gruñó, a través de labios que parecían como pastrami, "Soy un hombre de gran fe. Diezmo, voy a la iglesia y leo mi Biblia todos los días. ¿Por qué Dios permitió que esto me pasara? Siempre había confiado en Él para protegerme... Ahora mi fe está destrozada."

Resultó que una noche, camino al periódico, Emilio decidió tomar un atajo por una parte infamemente mala de la ciudad Imagínense, son aproximadamente las 11:00 p.m., la hora en que rufianes escabullen de sus madrigueras, y una banda de matones sale de las sombras. Emilio cruza la calle; también lo hace la pandilla. Acelera, caminando lo más rápido que sus piernas permiten...pero escucha a los rufianes acercándose a él. Con el corazón palpitante, rogándole a Dios que lo ayude, se lanza a toda velocidad; los matones se ríen, directamente detrás de él. Una mano se dispara, agarrando a Emilio por la chaqueta y girándolo: hay seis o siete de ellos, con cuchillas blandidas y la muerte en los ojos.

El joven periodista no pudo recordar mucho más después de eso, excepto que uno de los hombres, con su bate, lo golpeó como una piñata, rompiendo el brazo de Emilio y batiéndolo hasta que perdiera el sentido. Finalmente lo dejaron allí, tendido en un charco de sangre, hasta que un oficial de policía lo encontró algún tiempo después. Habían pasado casi dos semanas desde la terrible experiencia de Emilio, pero el dolor todavía se veía en su único ojo abierto. "Así que Pastor Delgado", preguntó, con voz temblorosa de emoción. "¿Qué opina de mi experiencia?"

Sin dudar, le dije: "¡Que Dios es bueno!" En su estado físico y mental, seguramente esa no era la respuesta que Emilio quería escuchar, pero necesitaba saber la verdad. Por la gracia de Dios, el joven no había sufrido nada peor que una simple fractura en el brazo y heridas relativamente leves que se curarían con el tiempo. Pudo haber sido permanentemente desfigurado o, peor aún, asesinado, debido a su tonta decisión de caminar por esa parte de la ciudad. La Biblia tiene mucho que decir sobre la sabiduría: ¡claramente Dios no espera que los cristianos almacenen su cerebro en un gabinete! Así que, por favor, usa tus facultades dadas por Dios y recuerda que confiar en Dios no te da el derecho de probarlo.

Una segunda característica de los niños es que están llenos de esperanza y emoción. Un niño anticipa ansiosamente las cosas buenas que su padre tiene para el; Del mismo modo, como cristianos debemos estar llenos de expectativa y confianza que nuestro Padre Celestial tiene excelentes cosas preparadas para nosotros. Como parte de un sermón que prediqué una vez, animé a mi congregación a comenzar su día saltando de la cama y mirando debajo de la cama, declarando: "¡Sé que hay algo bueno para mí hoy! ¿Está debajo de aquí? ¿Dónde está? ¡Espero una bendición hoy! ¡Gracias, Padre míoUnos domingos después, una mujer se me acercó tímidamente. "Pastor", dijo, sonrojándose, "realmente rinde grandes resultados el asunto de buscar una bendición debajo de la cama. Trabajo por comisión y cada vez que empiezo mi día como usted dijo, ¡tengo excelentes ventas! ¡No entiendo por qué, pero funciona!

El "por qué" es que nuestro Padre Celestial nos ama y quiere darnos cosas buenas. Si eres padre, sabes lo que es ver a tu hijo anticipando algo ansiosamente: ¡harás todo lo que esté a tu alcance para no decepcionarlo! Como Jesús dijo:

"¿Qué hombre hay de vosotros, que si su hijo le pide pan, le dará una piedra? ¿O si le pide un pescado, le dará una serpiente? Pues si vosotros, siendo malos, sabéis dar buenas dádivas a vuestros hijos, ¿cuánto más vuestro Padre que está en los cielos dará buenas cosas a los que le pidan?" (Mateo 7: 9-11)

Los niños no solo confían y esperan, sino que te toman en tu palabra, sin analizar demasiado las cosas. Si le dices a tu hija de seis años que la llevarás al cine el sábado, ella no dice: "Hmmm, ¿pero estás seguro de que tienes suficiente dinero? ¿Y si el auto se descompone? Además, es posible que no tengamos asientos, porque la película es un nuevo lanzamiento..." No, el niño simplemente toma la promesa como un hecho, seguro que te ocuparas de los detalles. Del mismo modo, debemos simplemente creer las promesas de Dios, confiando en que de alguna manera Él las hará cumplir.

Por lo general, los niños pequeños piensan que no hay nada que no puedan lograr porque el fracaso aún no forma parte de su experiencia. Se suben a tu regazo y anuncian con confianza sus planes futuros: "¡Voy a ser astronauta y descubriré un nuevo planeta!" o "¡Quiero ser presidente de los Estados Unidos para que todos tengan un trabajo!" No consideran los posibles impedimentos o dificultades, sueñan en grande, sin la carga de la preocupación, el miedo o la duda.

Como pequeñas esponjas, los niños absorben el nuevo aprendizaje con entusiasmo. Dependen completamente de sus cuidadores, inicialmente incluso se ven a sí mismos como una extensión de sus madres. Se ríen con facilidad, saltan en lugar de caminar y disfrutan de las cosas más simples. Los niños no son sospechosos ni juzgan; no han aprendido el arte del chisme y la crítica. Permítanme enfatizar el hecho de que si te gusta crear problemas para tu prójimo no estás caminando en amor, y si no estás caminando en amor, ¡no recibirás las bendiciones que Dios te tiene reservadas! Es así de simple.

La regla de oro, hacer a los demás como te gustaría que te hagan a ti, es el principio de reciprocidad que subyace muchas de las enseñanzas de Cristo: "No juzguéis, y no seréis juzgados; no condenéis, y no seréis condenados; perdonad, y seréis perdonados. Dad, y se os dará; medida buena, apretada, remecida y rebosando darán en vuestro regazo; porque con la misma medida con que medís, os volverán a medir" (Lucas 6: 37-38).

Todos hemos escuchado chismes supuestamente espirituales: "Oh, Dios mío, debemos orar por George... Lo vi anoche en una fiesta y estaba obviamente intoxicado. Pero cuando está en la iglesia los domingos, levanta los brazos en alto y actúa como un gran adorador. ¡Es tan hipócrita! Sí, definitivamente tenemos que mantenerlo en nuestras oraciones." Este tipo de comportamiento es inaceptable. No solo es un chisme, ¡lo cual de por si es inadmisible a los ojos de Dios! - pero es un chisme escondido bajo la excusa de la oración y generosamente mezclados con el veneno del juicio.

Solo el Padre conoce el corazón de George, si su adoración es sincera o no; y solo Él conoce las batallas que el hombre ha tenido con el alcohol. Quizás algún tiempo atrás George se emborrachaba todos los fines de semana; ahora es algo raro y su progreso ha sido tremendo...

No juzgues: ¡solo tienes una vista parcial de la imagen completa! Concéntrate en tus propios defectos y atiéndelos con la ayuda del Señor.

Jesús lo dijo así, "¿Por qué miras la paja que está en el ojo de tu hermano, y no echas de ver la viga que está en tu propio ojo?" (Lucas 6:41). A medida que avanzamos en nuestra caminata de fe, ¡miremos hacia atrás a nuestra infancia, buscando esa naturaleza amorosa, confiada, esperanzada y alegre que Cristo nos llama a tener!

Capítulo 6

Fe y la Mente

Un milagro le puede suceder a cualquiera en cualquier lugar, pero las manifestaciones más generalizadas y extraordinarias a menudo tienen lugar en países pobres para personas simples y sin educación. Allí, he visto crecer extremidades, los ciegos reciben su vista, los oídos sordos se abren, los muertos resucitan, ¡y estos son acontecimientos comunes! En estos lugares, los indígenas caminan largas distancias, en un calor abrasador, descalzos y sin provisiones, solo para escuchar la Palabra de Dios. Vienen hambrientos de algo más que sustento físico y Dios bendice abundantemente su fe, mostrándose poderosamente.

¿Por qué lo milagroso es más difícil de alcanzar en las partes "civilizadas" del mundo? Bueno, para empezar, ¿recuerdas que en el último capítulo discutimos la necesidad de ser como niños pequeños? Los niños pequeños no intelectualizan demasiado las cosas, sino que las toman al pie de la letra. No tienen mucho aprendizaje y, por lo tanto, no pueden analizar la probabilidad o improbabilidad de que ocurra un determinado evento. De manera similar, en las naciones del tercer mundo, las personas tienen una inocencia que generalmente nos falta a los occidentales "sofisticados". Cuanto más aprendizaje tenemos, más cuestionamos; cuanto más cuestionamos, menos confiamos y menos fe tenemos en aquello que desafía la razón.

Nuestra mente natural es el trono de la razón y el aprendizaje. Reside en nuestros cerebros, recibe información a través de nuestros cinco sentidos: vista, olfato, oído, sabor y tacto, y funciona de manera muy parecida a una computadora. La mente natural comienza a programarse temprano en la vida, por lo que Jesús dijo que debemos ser como niños para ver el Reino de los Cielos. Ya en la adolescencia temprana, nuestra mente natural ha sido condicionada significativamente por nuestros entornos familiares, sociales y culturales.

Por ejemplo, aprendemos que, si hacemos algo mal, debemos ser castigados y sufrir. Rompiste la lámpara favorita de tu madre y tuviste que comprarle una nueva. Tus notas escolares estuvieron bajas y te toco lavar platos todas las noches. Le faltaste el respeto a tu padre y tu trasero sintió el agudo escozor de su mano... Experiencias repetidas como estas hacen que nuestra mente natural conecte el pecado con el sufrimiento, por eso muchos católicos creen en el purgatorio. No pueden aceptar que Jesús pagó el precio total de nuestros pecados, tomando todo nuestro castigo de una vez por todas. Estos creyentes razonan que ellos también deberían ser castigados por su iniquidad. Suena muy piadoso, pero, de hecho, es contrario al amor de Cristo, ¡sugiriendo que el sacrificio de nuestro Salvador no fue suficiente!

No estoy diciendo que tener una mente natural es algo malo: claramente la necesitamos para operar en nuestra vida diaria. A medida que nos familiarizamos con las leyes de la física y otros principios científicos que rigen nuestro mundo natural, vemos la relación entre causa y efecto. Para ilustrar, la primera ley de movimiento de Newton establece que: "Todo cuerpo continúa en su estado de reposo, o de movimiento uniforme en línea recta, a menos que se vea obligado a cambiar ese estado por las fuerzas impresas en él". Por lo tanto, si deslizas una moneda en un piso de baldosas, puedes esperar que continúe su trayectoria hasta que la fricción, una fuerza opuesta, la detenga.

Por supuesto, un nativo de África también está familiarizado con muchas de estas leyes. Él sabe que, si salta de un árbol baobab, ¡caerá al suelo! Aunque quizás nuestro nativo no puede atribuir la caída a la gravedad, sin embargo, conoce el desagradable resultado de tal salto. Por otro lado, el hombre altamente educado, que ha estudiado las cantidades vectoriales de velocidad y aceleración y su impacto en tal caída, se enamora de su ciencia. La ciencia es tanto cuantificable como verificable: su precisión aparentemente infalible comienza a colorear lo que acepta como verdad y rechaza como imposible.

El problema es que, como creyentes, no solo tenemos una mente natural, sino que también recibimos la mente de Cristo, que está por encima de los límites de la ciencia terrenal y opera en la Verdad celestial. Recibimos la mente de Cristo como resultado de nuestro renacimiento espiritual, que Jesús explicó a un fariseo llamado Nicodemo en el tercer capítulo del Evangelio según Juan: "De cierto, de cierto te digo, que el que no naciere de agua y del Espíritu, no puede entrar en el reino de Dios. Lo que es nacido de la carne, carne es; y lo que es nacido del Espíritu, espíritu es. No te maravilles de que te dije: Os es necesario nacer de nuevo. El viento sopla de donde quiere, y oyes su sonido; más ni sabes de dónde viene, ni a dónde va; así es todo aquel que es nacido del Espíritu."

Cuando Jesús hace referencia al nacimiento del agua, está hablando del bautismo, que simboliza nuestra muerte y resurrección con Cristo. Cuando somos bautizados, nuestro hombre pecaminoso y natural se sumerge y, por fe, emerge un hombre nuevo, limpio y espiritual. Ahora, como el viento, que no puede ser atrapado, sometido o contenido, el cristiano nacido de nuevo es imparable. Absolutamente nada es imposible para él porque tiene la mente de Cristo, operando a través de la dinámica del Reino que la Palabra de Dios enseña. Con la mente de Cristo, se eliminan montañas, se camina sobre el agua, se vence la muerte, incluso el sol puede pararse, como lo hizo Josué:

"Entonces Josué habló a Jehová el día en que Jehová entregó al amorreo delante de los hijos de Israel, y dijo en presencia de los israelitas:

Sol, detente en Gabaón;

Y tú, luna, en el valle de Ajalón.

Y el sol se detuvo y la luna se paró, hasta que la gente se hubo vengado de sus enemigos. ¿No está escrito esto en el libro de Jaser? Y el sol se paró en medio del cielo, y no se apresuró a ponerse casi un día entero" (Josué 10:12-13).

Con la mente de Cristo, cinco pequeños panes de cebada y dos peces se multiplicaron sobrenaturalmente, alimentando a una multitud de 5,000 hombres, más mujeres y niños. Y como nuestro Padre Todopoderoso es el Dios de más que suficiente, ¡sobraron doce canastas! La mente de Cristo está por encima de la razón, la ciencia y todo lo creado.

Sin embargo, así como la carne está en guerra con el espíritu, la mente natural es contraria a la mente de Cristo. El apóstol Pablo declara en 1 Corintios 2: 14-16:

"Pero el hombre natural no percibe las cosas que son del Espíritu de Dios, porque para él son locura, y no las puede entender, porque se han de discernir espiritualmente. En cambio, el espiritual juzga todas las cosas; pero él no es juzgado de nadie. Porque ¿quién conoció la mente del Señor? ¿Quién le instruirá? Mas nosotros tenemos la mente de Cristo."

Las Sagradas Escrituras enseñan que, como creyentes, somos el cuerpo de Cristo. Tenemos todo lo que Él tiene, desde sus pies hasta su mente, su poder de conquista y todos sus atributos. "Entonces", puede que preguntes, "si tengo todo lo que es de Cristo, ¿por qué no veo nada de eso? Sería un milagro si pudiera perder un poco de peso, pero incluso eso parece imposible... Es difícil de creer que tengo la mente de Aquel que resucitó a Lázaro de entre los muertos... "Sí, es difícil creerlo; pero sin embargo es cierto. Pero tú eres responsable de apropiarte y activar la mente de Cristo que se te ha dado como un regalo.

Permíteme ilustrar: digamos que tu abuela, ya anciana y enferma, pone un millón de dólares en tu cuenta. Tú eres pobre, te encuentras sin trabajo por Covid-19 y estas muy atrasado en tu alquiler. Ahora, tienes un millón de dólares en el banco, pero depende de ti reclamarlo y usarlo para tus necesidades. Por supuesto, si quieres sacar el dinero de tu cuenta, debes seguir los procedimientos bancarios. Tienes que completar un recibo de retiro con toda la información pertinente; luego, debes hacer cola, esperar pacientemente tu turno y estar preparado para mostrar una identificación válida. Si entras como un loco en el banco, gritando que estás a punto de ser desalojado y necesitas dinero rápido, ¡ten la seguridad de que no recibirás ni un centavo! ¡Lo único que es probable que obtengas es un viaje a la cárcel!

De manera similar, hay un proceso que debemos seguir para comenzar a beneficiarnos de la mente de Cristo que Dios nos ha dado. Ese proceso implica leer, aprender y meditar en la Palabra de Dios. No hay atajos: así como tu mente natural está programada con la información recibida a través de tus sentidos, la mente de Cristo se desarrolla a través de la asimilación de las Escrituras.

Ahora, lo último que Satanás quiere es que operes en perfecta fe, por lo que hará todo lo que esté en su poder para mantenerte atado al reino natural. Tratará de interferir con tu asistencia regular a la iglesia, sabiendo que la Palabra que escuchas predicada es alimento para tu espíritu. Por la misma razón, trabajará duro para evitar que leas tu Biblia. Puede que tengas sueño o te distraigas, que tu mente divague sobre lo que hay para cenar y tu programa de televisión favorito que está por comenzar... ¡No dejes que se salga con la suya!

Si ni siquiera puedes disciplinarte para leer tu Biblia durante diez minutos al día, ¿cómo vas a operar en lo milagroso? ¡Las personas en los países del tercer mundo a menudo reciben más de lo que nosotros recibimos espiritualmente porque tienen un mayor enfoque y fortaleza mental! No son suaves, autocomplacientes y distraídos por muchos placeres y posesiones. El gran evangelista Reinhard Bonnke, acreditado por Charisma Magazine por haber traído a Cristo a más de 50 millones de africanos, señaló que no es raro que los nativos caminen más de veinte millas, ¡en cada dirección!, para asistir a una cruzada de avivamiento. Mientras tanto, si nosotros los occidentales no encontramos fácilmente estacionamiento en la iglesia, decidimos que no vale la pena molestarnos y seguimos a nuestro restaurante favorito para disfrutar el brunch. Debemos sacudirnos de nuestros cómodos capullos si queremos caminar en lo sobrenatural.

Considera esta parábola que Jesús enseñó: "Un hombre hizo una gran cena, y convidó a muchos. Y a la hora de la cena envió a su siervo a decir a los convidados: Venid, que ya todo está preparado.

Y todos a una comenzaron a excusarse. El primero dijo: He comprado una hacienda, y necesito ir a verla; te ruego que me excuses.

Otro dijo: He comprado cinco yuntas de bueyes, y voy a probarlos; te ruego que me excuses.

Y otro dijo: Acabo de casarme, y por tanto no puedo ir.

Vuelto el siervo, hizo saber estas cosas a su señor. Entonces enojado el padre de familia, dijo a su siervo: Vé pronto por las plazas y las calles de la ciudad, y trae acá a los pobres, los mancos, los cojos y los ciegos.

Y dijo el siervo: Señor, se ha hecho como mandaste, y aún hay lugar.

Dijo el señor al siervo: Vé por los caminos y por los vallados, y fuérzalos a entrar, para que se llene mi casa.

Porque os digo que ninguno de aquellos hombres que fueron convidados, gustará mi cena" (Lucas 14:16-24).

Toma la decisión de que no vas a dejar que Satanás manipule tu carne: ninguna distracción, ningún obstáculo, ninguna excusa'NADA—debe interponerse entre tú y Dios. El Señor emite invitaciones, como en la parábola anterior, pero nunca exige tu asistencia. Si estás demasiado ocupado o indisciplinado para hacer lo que Él te pide, perderás grandes bendiciones.

Ahora, si en su esfuerzo por poner tus ojos en lo natural, el diablo no puede mantenerte fuera de la iglesia o de la Palabra, usará a las personas, incluso a otros cristianos. Había un hombre en nuestra iglesia, lo llamaremos Frank, que creía que Dios quería que abriera un restaurante en una ubicación privilegiada en Coral Gables. El proyecto requería que él invirtiera todos sus ahorros y como no sabía nada sobre el negocio de los restaurantes, oró y ayunó durante una semana, buscando la confirmación del Señor. Después, me dijo que tenía una gran paz para seguir adelante, "Firmaré el contrato de arrendamiento la próxima semana, Pastor", me dijo Frank con una sonrisa feliz. "Esto va a ser bueno, ¡lo sé!"

Desafortunadamente, antes de concluir el negocio, su madre se enteró ¡y le regaño como un niño! Ella le dijo que estaba loco por poner en peligro sus ingresos de jubilación; que debido a la mala economía los restaurantes se doblaban diariamente; y de todos modos, que era demasiado viejo para aprender un nuevo negocio. "¿Y quién me va a cuidar?" añadió patéticamente. "Siempre estarás demasiado ocupado, porque ese es el negocio de los restaurantes... Ya no tendrás tiempo para tu madre. ¡Es una idea tonta y egoísta y seguramente te arrepentirás!" El mejor amigo de Frank, un cristiano maduro, se hizo eco de algunas de las preocupaciones de la madre, que en lo natural eran innegablemente válidas. Abrumado por la duda y el miedo, Frank decidió no seguir adelante con su sueño.

Varios meses después, en esa misma ubicación, otro empresario abrió un restaurante italiano. Increíblemente, un restaurante italiano era lo que Frank también había imaginado ¡y se convirtió en un éxito de la noche a la mañana! A la hora del almuerzo estaba lleno profesionales locales que disfrutaban del abundante antipasto y la pizza al estilo de Nueva York; Por las noches, las mesas estaban llenas de clientes, atraídos por la promesa de pasta casera, suave luz de velas y precios justos. Satanás había robado esta bendición de Frank, usando personas para inyectarle miedo.

Cualquiera de nosotros, incluso el cristiano más espiritual, en un momento dado puede convertirse en portavoz del diablo. ¡Sí, incluso alguien como Pedro, el gran discípulo! Considera este hecho registrado en Mateo 16: 21-23:

"Desde entonces comenzó Jesús a declarar a sus discípulos que le era necesario ir a Jerusalén y padecer mucho de los ancianos, de los principales sacerdotes y de los escribas; y ser muerto, y resucitar al tercer día.

Entonces Pedro, tomándolo aparte, comenzó a reconvenirle, diciendo: Señor, ten compasión de ti; en ninguna manera esto te acontezca.

Pero él, volviéndose, dijo a Pedro: ¡Quítate de delante de mí, Satanás!; me eres tropiezo, porque no pones la mira en las cosas de Dios, sino en las de los hombres."

Jesús sabía que solo con su muerte se salvaría la humanidad; solo la sangre de Jesús, la sangre del Cordero de Dios perfecto y sin pecado, podría lavar nuestros pecados. En otra parte de las Sagradas Escrituras encontradas en el Capítulo 13 de Juan, Pedro, siempre impetuoso, discutió nuevamente con Jesús. El Señor estaba lavando los pies de Sus discípulos y Pedro se opuso, diciendo: "¡Nunca me lavarás los pies!" Jesús le respondió: "Si no te lavo, no tienes parte conmigo". Una vez más, estaba aludiendo al hecho de que solo su sacrificio podría hacernos limpios delante de Dios. Al igual que Pedro, debemos tener cuidado con los consejos que damos, porque aunque parezcan razonables o compasivos, podrían ser contrarios al plan de Dios.

Recuerda que eres mucho más que un cuerpo con una mente natural, eres un espíritu que ha recibido la mente de Cristo. Como tal, ¡puedes operar en el mismo reino sobrenatural y productor de milagros que Dios! Pero todo depende de que te apropies de las promesas a través de la fe, te disciplines a ti mismo, y mantengas tu enfoque solo en Dios.

CAPÍTULO 7

Un Esfuerzo de Equipo

Dios ama el trabajo en equipo y las relaciones armoniosas, y estas se reflejan incluso en su esencia. El Todopoderoso Jehová, el único Dios al que adoramos y servimos es trino: tres personas, cada una completamente Dios: el Padre, el Hijo y el Espíritu Santo. Las Sagradas Escrituras son muy claras de que solo hay un Dios. Considera, por ejemplo, la afirmación de Moisés: "Oye, Israel: Jehová nuestro Dios, Jehová uno es" (Deuteronomio 6:4); o el mismo Padre declarando: "Yo soy el primero, y yo soy el postrero, y fuera de mí no hay Dios" (Isaías 44:6). En el Evangelio de Juan, Jesús oró "Padre santo, a los que me has dado, guárdalos en tu nombre, para que sean uno, así como nosotros" (Juan 17:11). Aunque las tres personas de la trinidad se mencionan tanto en el Antiguo como en el Nuevo Testamento, una de las ilustraciones más vívidas de ellos trabajando juntos se encuentra en el Evangelio de Marcos, Capítulo 1:9-11:

"Aconteció en aquellos días, que Jesús vino de Nazaret de Galilea, y fue bautizado por Juan en el Jordán. Y luego, cuando subía del agua, vio abrirse los cielos, y al Espíritu como paloma que descendía sobre él. Y vino una voz de los cielos que decía: Tú eres mi Hijo amado; en ti tengo complacencia."

Qué cuadro tan tremendo: Jesús se está levantando de las aguas cuando el Espíritu Santo viene sobre Él, y el Padre, en Su trono celestial, ¡proclama Su deleite! Aquí vemos un equipo en acción, así como la afirmación relacional. Ahora, puedes preguntarte cómo Dios es Uno y, sin embargo, tres personas al mismo tiempo. Tratemos de entender este misterio en términos humanos simples. Considera cómo tienes cabeza, brazos y piernas: son todos tú, ¡y hay solo uno de ti!, pero proporcionan diferentes funciones. Digamos que eres una persona que disfruta mucho haciendo cosas buenas por los demás. Tu cabeza diseña un plan para complacer a tu esposa; le comprarás unas flores hermosas en la tienda de la esquina y las colocarás en un florero como sorpresa para cuando llegue a casa. Tus piernas te llevan a la tienda; luego tus brazos son instrumentales para transportar y exhibir las flores. Del mismo modo, Dios tiene una naturaleza que impregna a Sus tres personas: esa naturaleza es el amor perfecto, manifestado a través del dar, el sacrificio, la misericordia, la compasión, el perdón, la paciencia, la justicia, la verdad y la bondad.

Uno de los versículos más apreciados y citados de la Escritura revela, en pocas palabras, el corazón y el plan redentor del Todopoderoso: "Porque de tal manera amó Dios al mundo, que ha dado a su Hijo unigénito, para que todo aquel que en él cree, no se pierda, más tenga vida eterna" (Juan 3:16). Además, como en el ejemplo del ramo de flores, donde la cabeza, las piernas y los brazos colaboran para lograr el resultado deseado, el Padre, el Hijo y el Espíritu Santo trabajan en perfecta unidad y armonía. Las tres personas de la Divinidad comparten las mismas características: son omniscientes, o lo saben todo; omnipresentes, o presentes en todas partes al mismo tiempo; omnipotentes, o todopoderosos; eternos e inmutables.

Si bien las tres personas de la Trinidad comparten la misma naturaleza, características y objetivos, actúan en diferentes capacidades. El Padre es el Creador, la primera causa, y Él es la cabeza de la Trinidad. Como el entrenador de un equipo de fútbol, Él es quien diseña estrategias para el equipo. Jesús es el Hijo unigénito, el Cordero de Dios que quita los pecados del mundo, y Dios encarnado que nos revela al Padre. El Señor dijo a Felipe, uno de sus discípulos: "...El que me ha visto a mí, ha visto al Padre" (Juan 14: 9). Jesús es ahora nuestro gran Sumo Sacerdote, sentado a la diestra del Padre e intercediendo en nuestro nombre. Es reconfortante saber que Nuestro Salvador tiene gran compasión por nuestras debilidades y tentaciones que, como hombre, Él mismo experimentó, ¡aunque nunca pecó! Finalmente, la tercera Persona de la Trinidad es el Espíritu Santo que inspiró las Sagradas Escrituras; convence al mundo de "pecado, y de justicia y de juicio" (Juan 16: 8); y mora en los creyentes, equipando, capacitando, enseñando, guiando y transformándonos en la semejanza de Dios.

Hablando del Espíritu Santo, Jesús declaró: "Y yo rogaré al Padre, y os dará otro Consolador, para que esté con vosotros para siempre: el Espíritu de verdad, al cual el mundo no puede recibir, porque no le ve, ni le conoce; pero vosotros le conocéis, porque mora con vosotros, y estará en vosotros" (Juan 14:16-17). Esta Escritura es otra hermosa ilustración del amor que Dios tiene por el trabajo en equipo y el compromiso relacional: el Espíritu Santo reside en cada creyente, esencialmente convirtiéndose en uno con él. Las Escrituras se refieren al Señor como nuestro "esposo", aludiendo a la perfecta intimidad y unidad que debemos disfrutar con nuestro Dios.

Fuimos creados para una intimidad relacional profunda y significativa. En Génesis leemos que Dios no consideró bueno que el hombre estuviera solo, así que hizo a Eva de una de las costillas de Adán. El Señor podría haberla creado fácilmente de un montón de tierra, como lo fue Adán, pero pretendía que se unieran como uno solo. Tan pronto como creó a Eva, bendijo a la pareja e inmediatamente les dijo que fueran fructíferos y se multiplicaran. En otras palabras, Jehová les ordenó disfrutar del sexo ¡y disfrutarlo con frecuencia! La intimidad amorosa entre un esposo y una esposa es uno de los grandes regalos de Dios, y a través de este acto las Escrituras declaran que los dos se vuelven uno.

La ciencia médica ha estado estudiando un fenómeno muy interesante que respalda aún más la afirmación de la Biblia de que los dos se convierten en uno. Parece que en el acto sexual, el intercambio de enzimas y otros fluidos comienza a alterar el ADN de cada persona, de modo que con el tiempo se vuelven más y más parecidos! Es por eso que las Sagradas Escrituras enfatizan que el sexo fuera de la cama matrimonial está contaminado:" Huid de la fornicación. Cualquier otro pecado que el hombre cometa, está fuera del cuerpo; mas el que fornica, contra su propio cuerpo peca"(1 Corintios 6:18). Nuestra naturaleza también cambia cuando el Espíritu Santo se instala en nuestro corazón, gradualmente haciéndonos más como Cristo.

Dios nos da hijos que son nuestra carne, sangre y ADN. La familia, como Dios quería que fuera, es una expresión de amor divino, que opera a través de la intimidad y el trabajo en equipo. Si bien la familia comparte una esencia común, cada miembro tiene su propio papel, deberes y responsabilidades. Al igual que Dios Padre, un padre terrenal es la autoridad final de su familia, esperando obediencia y respeto; a cambio, extiende provisión, protección y enseñanza.

Cuando mis hijos eran pequeños, quería que aprendieran a hacer las cosas a mi manera, que era mejor que la suya. Por ejemplo, Albertico ataba los cordones de sus zapatos en nudos; Eran difíciles de deshacer y los cordones se arrastraban por el suelo, a menudo tropezándolo e incluso haciéndolo caer. Tomé el tiempo para enseñarle a mi pequeño hijo cómo con los cordones podía hacer orejas de conejo, luego cruzarlos y tirarlos en un arco seguro. Cuando Albertico acertó, se emocionó: no más nudos duros o caídas inducidas por encajes. ¡Él pensó que su papá era un héroe muy inteligente!

Del mismo modo, Dios quiere que aprendamos Sus caminos. Hablando a través del profeta Isaías, el Señor declara:

"Porque mis pensamientos no son vuestros pensamientos, ni vuestros caminos mis caminos, dijo Jehová. Como son más altos los cielos que la tierra, así son mis caminos más altos que vuestros caminos, y mis pensamientos más que vuestros pensamientos." (Isaías 55:8-9). Satanás ha usado esa Escritura para engañar a las personas haciéndoles creer que nunca podremos entender a Dios, que Él es remoto e inalcanzable y francamente ajeno a nosotros.

Esta mentira nos desalienta de buscar intimidad con nuestro Dios, porque el diablo sabe que no puedes amar o confiar en algo que no conoces. Al igual que con Albertico y la lección de los cordones de los zapatos, Dios quiere enseñarnos sus caminos y pensamientos, que son infinitamente mejores que los nuestros. Lo hace a través de su Espíritu Santo que " os guiará a toda la verdad; porque no hablará por su propia cuenta, sino que hablará todo lo que oyere, y os hará saber las cosas que habrán de venir" (Juan 16:13)

Como creyentes llenos del Espíritu somos parte del equipo de Dios y nuestra responsabilidad es hacer el trabajo de Dios aquí en la tierra. Estamos llamados a tener la misma naturaleza y los mismos objetivos que la Divinidad, que incluyen caminar en amor y de acuerdo con la Palabra de Dios. Santiago dice esto: "Mas el que mira atentamente en la perfecta ley, la de la libertad, y persevera en ella, no siendo oidor olvidadizo, sino hacedor de la obra, éste será bienaventurado en lo que hace" (Santiago 1:25). En el segundo capítulo de su epístola, el hermano del Señor analiza más a fondo la importancia de hacer la obra de Dios: "Tú crees que Dios es uno; bien haces. También los demonios creen, y tiemblan. ¿Mas quieres saber, hombre vano, que la fe sin obras es muerta? ¿No fue justificado por las obras Abraham nuestro padre, cuando ofreció a su hijo Isaac sobre el altar? ¿No ves que la fe actuó juntamente con sus obras, y que la fe se perfeccionó por las obras?" (Santiago 2:19-22)

Está claro, entonces, que, si no estamos haciendo la obra de Dios y siendo obedientes al Padre, nuestra fe nunca prosperará. Laura, una estudiante universitaria de nuestro grupo juvenil, compartió una experiencia que tuvo poco después de recibir a Cristo. Era un lunes por la mañana, y en camino a la universidad, decidió pasar por una tienda de mascotas para recoger algunos suministros para su perrito. Laura entró en el pequeño centro comercial, notando casualmente que estaba desierto; pero luego, mientras cerraba la puerta de su auto, una figura siniestra salió de detrás de unos arbustos...

Era un hombre alto, flaco, con ropa sucia y ojos desesperados, uno de los muchos que viven en las calles de Miami. Laura sintió que estaba en peligro. "Hola señora", dijo el extraño en un gruñido bajo, "necesito dinero". La joven miró a su alrededor, esperando ver a otras personas. No había nadie más...

Con el corazón palpitante, Laura levantó una oración: "Padre, tu Palabra dice que debemos dar a todos los que piden y quiero ser obediente. Sin embargo, ¡cómo desearía tener a dos ángeles a mi lado!" El hombre estaba a solo unos metros de distancia, cada vez más cerca, una sombra negra y temible. Todos los instintos de Laura gritaban que debería correr, buscar refugio en la tienda de mascotas, pero recientemente había leído una Escritura, una orden de su nuevo Señor y Salvador: "Al que te pida, dale; y al que quiera tomar de ti prestado, no se lo rehúses." (Mateo 5:42). Independientemente de las consecuencias, ella lo honraría.

Mientras buscaba temblorosamente su billetera, la joven de repente vio aparecer una figura a su derecha: "Señorita, ¿esta persona le está molestando?" Para su sorpresa, había un oficial de policía, con botas altas y uniforme oscuro. ¿De dónde había venido? ¡Acababa de echar un vistazo al centro comercial y no había visto un alma! "Gracias, oficial", Laura tartamudeó; "Solo iba a darle un dólar".

"Por su amabilidad, él habría robado su bolso", dijo otra voz a su izquierda. Era un segundo oficial de policía, ahora también parado a su lado. Más allá de él, Laura vio dos motocicletas estacionadas: ¡no habían estado allí antes y seguramente las habría escuchado detenerse! Mientras su mirada de asombro giraba entre los policías, seis palabras quedaron impresas en su corazón: "Esos son los ángeles que pediste".

Más tarde, Laura riendo confesaría que no se parecían mucho a los seres angelicales: "Uno de ellos era bastante gordito... ¡y tenía caspa! ¡A menos que fuera polvo de ángel! Pero, de todos modos, ahuyentaron al hombre sin hogar, luego me acompañaron a la tienda. ¡Sólo un minuto o dos después, cuando salí de un pasillo con una bolsa de comida para perros, los oficiales se habían ido, junto con sus motocicletas!"

La experiencia de Laura ilustra poderosamente el principio bíblico de que "¿... la fe actuó juntamente con sus obras, y que la fe se perfeccionó por las obras?" (Santiago 2:22). Debido a que Laura ejerció su fe, tuvo un encuentro sobrenatural que elevó a esta nueva creyente a otro nivel. Cuanto más ejerzas tu fe haciendo obras, más crece. Al aplicar y probar la Palabra de Dios, te convences cada vez más de su efectividad y confiabilidad, llegando finalmente al punto de la fe perfecta, ¡el tipo de fe que mueve montañas!

¿Cuánto tiempo lleva alcanzar la fe perfecta? Bueno, eso depende completamente de ti. Les puedo asegurar que al permanecer en la Palabra como lo hizo Laura, creció su fe más allá de la de muchos cristianos. La frecuencia con la que trabajas la Palabra determina qué tan rápido crecerá tu fe. Las Sagradas Escrituras enseñan que Dios les da a todos una medida de fe, como una semilla. Depende de nosotros plantar, regar y cuidar esa semilla. Considera el siguiente intercambio entre Jesús y sus discípulos:

"Dijeron los apóstoles al Señor: Auméntanos la fe.

Entonces el Señor dijo: Si tuvierais fe como un grano de mostaza, podríais decir a este sicómoro: Desarráigate, y plántate en el mar; y os obedecería. ¿Quién de vosotros, teniendo un siervo que ara o apacienta ganado, al volver él del campo, luego le dice: Pasa, siéntate a la mesa? ¿No le dice más bien: Prepárame la cena, cíñete, y sírveme hasta que haya comido y bebido; y después de esto, come y bebe tú? ¿Acaso da gracias al siervo porque hizo lo que se le había mandado? Pienso que no. Así también vosotros, cuando hayáis hecho todo lo que os ha sido ordenado, decid: Siervos inútiles somos, pues lo que debíamos hacer, hicimos." (Lucas 17: 5-10)

Los discípulos quieren que Jesús, su Maestro todopoderoso y obrador de milagros, les dé más fe. Pero el Señor responde indicando la necesidad de acción de su parte. Se espera que se dediquen a los asuntos del Padre, priorizando Sus deseos porque la fe surge de la obediencia a la Palabra. El deseo de Dios es que salvemos almas. Él no solo nos da fe para que podamos creer por un nuevo Mercedes Benz o una casa más grande, aunque no se opone a que Sus hijos tengan cosas buenas para que sean testigos de su generosa provisión. También nos da fe para que podamos llegar a un mundo herido: sanar a los enfermos, expulsar demonios y arrebatar almas de las manos de Satanás. Si estás en el equipo de Dios, Sus deseos, metas y directivas deben convertirse en tu principal preocupación.

Para que un equipo logre el resultado deseado, que es una victoria, todos tienen que hacer su parte y trabajar juntos. No esperes tener la victoria, si no estás escuchando al entrenador o haciendo tu mejor esfuerzo. Recuerda que Dios te ha equipado con todo lo que necesitas para la victoria: a través de Su Hijo has sido redimido de la ley del pecado y la muerte; ahora estás sentado con Él en lugares celestiales; tienes toda la autoridad sobre Satanás y sus demonios; estás lleno del Espíritu del Dios Todopoderoso; tienes Su Palabra, un arma más afilada que cualquier espada de dos filos; y para colmo, ¡eres la niña de los ojos de Dios! Él te ama con un amor que nuestras mentes finitas no pueden comprender completamente; planea para ti, lucha por ti, te protege y recompensa. Medita en estos hermosos versículos de las Escrituras:

"Antes bien, como está escrito:

Cosas que ojo no vio, ni oído oyó,

Ni han subido en corazón de hombre,

Son las que Dios ha preparado para los que le aman" (1Corintios 2:9)

"Toda buena dádiva y todo don perfecto desciende de lo alto, del Padre de las luces, en el cual no hay mudanza, ni sombra de variación." (Santiago 1:17)

La obediencia a nuestro Padre Celestial es un pequeño precio que pagar por el increíble privilegio de estar en su equipo ganador, bajo su cuidado amoroso y recibir sus maravillosas bendiciones. Examina tu vida y ve si hay áreas de desobediencia. ¡Recuerda que todo lo que Dios etiqueta "pecado" es malo para ti! Y la desobediencia voluntaria te separa de un Dios Santo. Entonces, si tiene relaciones sexuales fuera del matrimonio, detente antes de quedar embarazada, contraer una enfermedad o algo peor. Confiesa tu pecado a Dios, decide que ya no lo seguirás haciendo y vuelve a disfrutar de la comunión íntima con Él. Cuando te arrepientes del pecado, puedes estar seguro de que la Sangre del Cordero te ha lavado y que tu transgresión ha sido "arrojada ... a las profundidades del mar". ¡Alabado sea nuestro Dios!

CAPITULO 8

El Fundamento de la Fe

Al igual que una casa necesita cimientos sólidos para resistir todo tipo de clima, nuestra fe tiene que ser bien apoyada si queremos soportar las tormentas de la vida. La fe se basa en tres elementos esenciales, los tres deben estar presentes y operativos; son la esperanza, la paciencia y el amor.

Webster define la esperanza como "atesorar un deseo con anticipación". Cuando tienes esperanza, crees que puedes obtener algo que realmente quieres; Estás emocionado, y concentrado en lo que deseas. Por ejemplo, puedes estar esperando una promoción en el trabajo. El jefe parece satisfecho contigo y has sido un empleado diligente... Comienzas a imaginar cómo será tener una oficina privada, completa con tu placa de identificación en la puerta. Y con un salario más alto, finalmente serás capaz de llevar a tu familia a esas vacaciones tan anheladas Este tipo de deseo entusiasta es necesario para que la fe funcione; una persona que no tiene sueños ni esperanzas está en un estado de desesperación, incapaz de ver o apropiarse de las cosas buenas que Dios tiene para él.

Ahora, es importante reconocer que, aunque similar, la esperanza y la fe no son lo mismo. En el ejemplo anterior, un cambio en la actitud del jefe afectará tu nivel de esperanza. Si de repente se vuelve frío y distante, tus sueños también pueden parecer más inaccesibles, porque las circunstancias impactan la esperanza. La fe no mira las circunstancias, solo las promesas de Dios. Recuerda, las Sagradas Escrituras enseñan que "Es, pues, la fe la certeza de lo que se espera, la convicción de lo que no se ve." (Hebreos 11:1). Vemos entonces que la esperanza enciende una vela en tu corazón, mientras que la fe mantiene esa vela encendida, incluso cuando soplan vientos de adversidad.

Como pastor, he aconsejado a muchas personas que han perdido la esperanza. Por lo general, como resultado de una gran decepción, renuncian a los sueños y cierran sus corazones a la maravilla de la posibilidad. ¿Te ha pasado eso? Abre esas puertas si quieres crecer en fe. ¡Porque hayas estado decepcionado en el pasado no significa que lo serás en el futuro! Deja atrás el pasado y comienza de nuevo: no permitas que lo que sucedió ayer determine su mañana.

Ten en cuenta que muchas de las grandes historias de éxito han llegado inmediatamente después de repetidos fracasos. R.H Macy, el fundador de los grandes almacenes, tuvo siete negocios fallidos antes de abrir el primer Macy's en la ciudad de Nueva York. Al coronel Sanders de Kentucky Fried Chicken le rechazaron su receta de pollo 1,009 veces antes de que finalmente fuera aceptada por un restaurante. Y Winston Churchill, ganador del Premio Nobel, dos veces elegido primer ministro del Reino Unido, fue derrotado en todas las elecciones para cargos públicos hasta que finalmente, a los 62 años, se convirtió en primer ministro. Una de las máximas favoritas de Churchill fue que: "El éxito es la capacidad de resistir fracaso tras fracaso y, aún así, mantener tu entusiasmo". Sacude el pasado y deja de sentir pena por ti mismo. ¡Recuerda que la verdadera fe nunca pierde la esperanza!

Un segundo elemento esencial de la fe es la paciencia, ¡una virtud que muchos de nosotros carecemos! Pero la paciencia es lo que le da a nuestra fe poder de permanencia, incluso cuando pasan los años y no hemos recibido la promesa. Sin paciencia no tenemos resistencia y sin resistencia no terminaremos la carrera y recibiremos nuestra recompensa. Todas las grandes figuras bíblicas de Abraham a José, y de Jesús a Pablo, tuvieron su fe fortalecida a través de largas demoras. Abraham tuvo que esperar hasta que "su cuerpo estuviera tan bueno como muerto" para recibir al hijo de la promesa; José soportó años de cautiverio y encarcelamiento antes de que se cumpliera el sueño de su juventud; El ministerio de Jesús no comenzó hasta que tuvo 30 años; y Pablo, después de su conversión a Cristo, fue apartado en relativo aislamiento durante varios años.

El hecho es que a veces no estamos listos para recibir una cierta bendición. Antes de que un agricultor siembre su semilla, prepara cuidadosamente la tierra y así lo hace nuestro Padre Celestial con nosotros. Puede haber malas hierbas en nuestro corazón que necesitan ser desarraigadas, como el orgullo, la arrogancia y la falta de perdón. ¿Recuerdas cómo Pedro negó al Señor? La Biblia nos dice que la multitud había llevado a Jesús a los principales sacerdotes y otros líderes judíos que querían matarlo. Pedro, que había estado siguiendo a una distancia segura, se instala en el patio de los sumos sacerdotes, calentándose junto al fuego...

De repente, una joven sirvienta lo reconoce, declarando que él también había estado con Jesús. Pedro inmediata y enfáticamente niega conocer al Señor, y cuando sale hacia un porche adyacente, un gallo canta. La joven continúa afirmando que Pedro es un seguidor y, a pesar de la segunda negación de Pedro, algunos de los otros sirvientes están convencidos: "...Verdaderamente tú eres de ellos; porque eres galileo, y tu manera de hablar es semejante a la de ellos." (Marcos 14:70).

¿Y qué hace Pedro, el gran y poderoso apóstol? Comienza a maldecir de la manera menos cristiana, gritando: "...¡No conozco a este hombre de quien hablais!" (Marcos 14: 71). El gallo canta por segunda vez, recordándole a Pedro algo que Jesús le había dicho: "Antes que el gallo cante dos veces, me negarás tres veces" (Marcos 14:72). Pedro ve que ha traicionado a su amado Señor y el darse cuenta le rompe el corazón.

Ten en cuenta que el pecado de Pedro no fue una sorpresa para el Señor; según lo registrado en la Escritura, Jesús lo había profetizado cuando el apóstol se jactó de que solo él no tropezaría ni negaría al Señor. Pero la caída de Pedro fue necesaria para que él viera el alcance de su orgullo, arrogancia y debilidad. ¡Nunca podría haberse convertido en la roca que Jesús lo etiquetó si no hubiera sido pulverizado antes! El Señor nos prueba para que podamos ver el estado de nuestro corazón, y que le pidamos ayuda en humildad.

Un agricultor sabe que sacar las malas hierbas es solo una parte de la preparación del suelo para la cosecha: también se debe aplicar fertilizante nutritivo. Del mismo modo, Dios a veces se demora en conceder nuestras peticiones o ponernos en nuestro lugar de servicio porque nuestro espíritu necesita ser alimentado por la Palabra. Recuerdo a Jerónimo y Susana, una joven pareja que había venido recientemente a Cristo. Compartieron conmigo que se sentían llamados a ser misioneros y había una confirmación en mi espíritu, junto con una fuerte advertencia. "Primero, deben asistir a nuestro Instituto Bíblico o una escuela similar", advertí, "y estar bien arraigados en la Palabra. Lo necesitarán para sobrevivir en el campo misionero donde todas las fuerzas del infierno se alinean contra uno". Lamentablemente, los dos bebés cristianos no siguieron mi consejo y en cuestión de semanas estaban en un avión con destino a Bombay. Pero no solo no ganaron almas para Cristo, sino que ellos mismos se apartaron de la fe.

Jerónimo sucumbió a los encantos de una seductora india mientras que Susana devastada lo dejó y regresó a Florida, enojada con Dios por permitir que Jerónimo la engañara... Fue un desastre desgarrador: Debido a la impaciencia, la joven pareja perdió su vocación, destruyó su matrimonio y finalmente rechazó a Cristo.

Los retrasos de Dios no siempre se deben a un trabajo que hay que hacer en nosotros; a veces simplemente hace un milagro mayor para su gloria y espera que esperemos pacientemente el resultado. Como ilustración, profundicemos en la historia narrada en Juan 11:1-44, de Lázaro de Betania, el querido amigo de Jesús. Al comienzo del capítulo encontramos que Lázaro está muy enfermo y sus preocupadas hermanas, María y Marta, han enviado por el Señor. Ahora seguramente, Jesús se apresura al lado de su amigo en el burro más rápido de Judea, ¿verdad? Incorrecto. El Señor toma su tiempo, ¡incluso demorando un par de días! ¿Por qué haría cosa semejante? Cada segundo cuenta cuando alguien está mortalmente enfermo y seria razonable suponer que quizás Jesús ya no se siente amigable con Lázaro... Pero veamos lo que dice la Escritura: "Y amaba Jesús a Marta, a su hermana y a Lázaro. Cuando oyó, pues, que estaba enfermo, se quedó dos días más en el lugar donde estaba." (Juan 11; 5-6). Claramente entonces, porque los amaba, ¡se retrasó!

Esto es difícil de comprender para la mente natural, especialmente cuando consideras que Jesús sabía que la demora le costaría la vida a Lázaro. De hecho, antes de partir hacia Betania, el Señor les dijo a Sus discípulos: "Entonces Jesús les dijo claramente: Lázaro ha muerto; y me alegro por vosotros, de no haber estado allí, para que creáis; mas vamos a él." (Juan 11: 14-15). Jesús alude al hecho de que van a ver un milagro espectacular, uno que no habría ocurrido si simplemente hubiera curado a Lázaro de su enfermedad.

Cuando finalmente llegan al pequeño pueblo de Betania, Lázaro lleva cuatro días muerto y sepultado. Marta y María están de luto, rodeadas de judíos simpatizantes. Al ver a Jesús, cada mujer le dice por separado: "Señor, si hubieses estado aquí, mi hermano no habría muerto". Ahora, estas mujeres son fieles seguidoras del Maestro, que habían escuchado sus enseñanzas y sabían que Él era el Mesías, pero, sin embargo, su fe no es perfecta. Solo pueden creer que Jesús pudo haber sanado a su hermano, nada más que eso. Lázaro ahora está muerto y han perdido toda esperanza. Llorando llevan a Jesús a la tumba; el Señor también llora y gime en su espíritu, angustiado por su poca fe. Él ordena que se retire la piedra que cubre la cueva y Martha se opone, diciendo: "Señor, hiede ya, porque es de cuatro días".

Jesús le dijo: "¿No te he dicho que si crees, verás la gloria de Dios?" Luego quitaron la piedra del lugar donde yacía el muerto. Y Jesús levantó los ojos y dijo: "...Padre, gracias te doy por haberme oído. Yo sabía que siempre me oyes; pero lo dije por causa de la multitud que está alrededor, para que crean que tú me has enviado. Y habiendo dicho esto, clamó a gran voz: ¡Lázaro, ven fuera! Y el que había muerto salió, atadas las manos y los pies con vendas, y el rostro envuelto en un sudario. Jesús les dijo: Desatadle, y dejadle ir." (Juan 11:41-44)

¡Es una escena digna de Hollywood! Rodeado por una multitud incrédula de dolientes, Jesús está gritando frente a una cueva, llamando a un tipo que no solo está muerto sino descompuesto. Mientras los espectadores comienzan a cuestionar su cordura, una figura rígida sale, ¡envuelta en paños de entierro, como la momia de tus pesadillas! El poder de este milagro muestra la gloria ilimitada e insondable de nuestro Dios para quien realmente nada es imposible. Así que piensa en nuestro amigo Lázaro y resuelve ser paciente incluso cuando el Señor aún no ha actuado en tu nombre; ¡bien podría ser que Él permita que las circunstancias se vuelvan tan críticas que su milagro será aún mayor!

Si la esperanza y la paciencia son elementos fundamentales a la fe, el tercero, el amor, ¡es un imperativo absoluto! Es posible que en este momento te falte la esperanza, pero si estás lleno de amor, la esperanza volverá. El amor mantiene tu corazón tierno y sensible, receptivo a las cosas que son importantes para Dios: "porque en Cristo Jesús ni la circuncisión vale algo, ni la incircuncisión, sino la fe que obra por el amor." (Gálatas 5: 6).

Si no tienes amor, tus oraciones están cayendo en oídos sordos porque "Si yo hablase lenguas humanas y angélicas, y no tengo amor, vengo a ser como metal que resuena, o címbalo que retiñe." (1 Corintios 13:1). Las oraciones no son más que ruidos desagradables para el Señor si no están atadas al amor. Escucha la bella representación de amor de Pablo que se encuentra en la traducción del Mensaje de 1 Corintios 13:3-7:

"Y si repartiese todos mis bienes para dar de comer a los pobres, y si entregase mi cuerpo para ser quemado, y no tengo amor, de nada me sirve.

El amor es sufrido,

Es benigno;

El amor no tiene envidia,

El amor no es jactancioso,

No se envanece;

No hace nada indebido,

No busca lo suyo,

No se irrita,

No guarda rencor;

No se goza de la injusticia,

Mas se goza de la verdad.

Todo lo sufre,

Todo lo cree,

Todo lo espera,

Todo lo soporta."

¡No quiero que te deprimas si tu nivel de amor no coincide con la definición de Pablo! Él está hablando del amor perfecto y, como en todas las cosas en nuestro caminar cristiano, llegar allí suele ser un proceso. Comienza con un honesto autoexamen. Por ejemplo, ¿te resulta difícil confiar siempre en Dios, tal vez porque tus padres terrenales te decepcionaron constantemente? Bueno, recurre al Señor con tu problema y recibirás ayuda. En 1 Juan 1: 9-10 leemos que cuando confiesas tus pecados al Señor, Él no solo te perdona, sino que también te limpia de la raíz del problema. La clave para asegurar la ayuda de Dios es la humildad sincera; las Sagradas Escrituras declaran que Dios en realidad "resiste" a los orgullosos, pero derrama Su gracia sobre los humildes. ¿Te imaginas ser "resistido" por Dios Todopoderoso, Creador del cielo y la tierra? Solo el pensamiento me hace estremecer.

Para ser uno con nuestro Dios, debemos compartir su naturaleza esencial que, como hemos dicho, es amor. Si te gustan los chismes, juzgar a los demás, aferrarte al resentimiento y otros comportamientos destructivos, no puedes operar en perfecta intimidad con el Señor. El egoísmo, que va en contra del amor, generará oraciones equivocadas: "Pedís, y no recibís, porque pedís mal, para gastar en vuestros deleites." (Santiago 4: 3). Ahora, mientras nuestro Padre Celestial quiere que disfrutemos la vida y nuestras pertenencias, esa búsqueda no puede ser nuestra principal prioridad. Hablando de las posesiones terrenales, Jesús enseñó que, si primero buscamos el reino de Dios, también recibiremos las cosas materiales que necesitamos. Nuestro Señor sabe muy bien que las pertenencias materiales pueden corromper. Antes de que podamos manejarlas, debemos ser espiritualmente fuertes y apasionados por lo que es realmente importante. Para obtener bendiciones materiales, redobla tus esfuerzos en el ámbito espiritual, persiguiendo lo que es importante para Dios. ¡Establece tus prioridades y verás cómo todo encaja!

Antes de cerrar este capítulo, quiero reconocer que fluir con esperanza, paciencia y amor es mucho más fácil para algunas personas que para otras. Esto se debe en parte a las diferencias de carácter. Hay personas que son naturalmente optimistas, mientras que otras siempre ven el vaso medio vacío; algunas son sensibles y empáticas, otras más frías y analíticas.

Las experiencias de la vida también pueden afectar nuestras percepciones, expectativas y temperamento. Sin embargo, independientemente de cualquier deficiencia en tu naturaleza o cualquier cosa que te haya sucedido en el pasado, Dios en Su Palabra promete darte el fruto del Espíritu que incluye amor, gozo, paz, paciencia, bondad, fidelidad, gentileza. y autocontrol.

¡Solo recuerda que la fruta no se desarrolla de la noche a la mañana! Hay un árbol de mango cerca de mi casa y cada mes de abril empiezo a notar pequeños botones verdes que al principio apenas son visibles. A medida que pasan los días y las semanas, los pequeños botones crecen y comienzan a tomar la forma de mangos, todavía pequeños, verdes e inmaduros, pero al menos reconocibles como tales. Para el verano, el árbol está lleno de grandes frutos maduros de color amarillo y rojo, ¡listos para ser recogidos y disfrutados!

Así que confía en el Espíritu Santo para desarrollar en ti un precioso fruto: el carácter de Dios mismo. Si eres fiel para seguir buscándolo y haciendo su obra, examinándote continuamente y confesando humildemente tus pecados, ¡puedes alegrarte de saber que Dios puede tomar un corazón de piedra y convertirlo en un bombón! ¡Y son los corazones endulzados con amor, esperanza y paciencia, los que rinden el tipo de fe que levantó a Lázaro de la muerte!

CAPITULO 9

El Enemigo

Había un demonio sentado en su cama. Era horrible y enorme, como un gorila bombeado con esteroides. Los ojos negros, profundamente hundidos debajo de su frente bulbosa, la miraban sin pestañear. Andrea quería gritar por su esposo, abajo y a punto de irse a trabajar, pero su voz, junto con la mayor parte de su cuerpo, estaba congelada. Solo podía mirar con horror cuando la criatura se inclinó hacia ella, una sonrisa salvaje retorciendo sus labios. Su olor la recordó al mapache muerto que habían encontrado en el patio el invierno pasado; se le ocurrió que ella también iba a morir. Tal vez el monstruo envolvería sus manos peludas alrededor de su garganta y la apretaría hasta que su vida se hubiera ido. O tal vez tendría suerte y su corazón palpitante simplemente se rendiría...

De pronto, la puerta del dormitorio se abrió y entró su esposo. "Olvidé mi..." comenzó, deteniéndose ante la expresión de su rostro. "¿Qué pasa, cariño?" Con la entrada de Jaime, la criatura había desaparecido instantáneamente, pero su poderoso hedor aún persistía. "¿Puedes olerlo?" Andrea susurró cuando Jaime se acercó a la cama. "Ugh", dijo, sacando un pañuelo del bolsillo, "¡¿Qué es eso ?!" Ella le contó lo que había visto, parcialmente aliviada de no haberlo imaginado, pero también aterrorizada de que una criatura tan maléfica fuera real.

El miedo a que el visitante pudiera visitar nuevamente llevó a la pareja a nuestra iglesia, desesperada por respuestas y protección. Eso fue hace varios años: desde entonces no solo recibieron a Cristo, sino que se convirtieron en poderosos guerreros espirituales que comprenden la realidad del enemigo.

El objetivo del diablo es destruir tu fe, porque sin ella eres una presa fácil. En primer lugar, si tu fe se debilita, comienzas a dudar de Dios, de las promesas que son tuyas en Su Palabra, e incluso de tu experiencia de salvación. Apartas los ojos de lo sobrenatural y te enfocas en lo natural, donde el enemigo opera de manera tan experta. Tu problema o necesidad se magnifica cuando intentas averiguar qué puedes hacer para solucionar la situación, en lugar de lo que tu Padre ha declarado en las Sagradas Escrituras.

Considera el relato bíblico de la mujer con el flujo de sangre. Leemos que durante doce largos años esta pobre mujer "...había sufrido mucho de muchos médicos, y gastado todo lo que tenía, y nada había aprovechado, antes le iba peor," (Marcos 5:26). Estoy seguro de que todos podemos relacionarnos con ella, porque a menudo nuestros esfuerzos propios tienen el opuesto del resultado deseado. Pero la mujer finalmente se entera de Jesús y cree que, si puede acercarse lo suficiente como para tocar su manto, se curará.

Debemos tener en cuenta que, en la cultura judía de la época, su flujo la hacía "inmunda", incapaz de mezclarse con los demás; sin embargo, estaba dispuesta a violar las leyes ceremoniales debido a su desesperación. Como comentario, quiero señalar que cuando las cosas se ponen realmente difíciles en nuestras vidas, generalmente nos enfrentamos a dos opciones: correr hacia Dios, como lo hizo esta mujer, o huir de Él, cegado por el desaliento.

Satanás, por supuesto, hará todo lo que esté a su alcance para que huyas del único que puede salvarte. Él susurrará que es demasiado tarde, no se puede hacer nada: "Has estado sangrando durante doce años y Dios no ha escuchado tus oraciones ... Él tampoco te va a curar ahora. Así que ahorra tu poca energía y quédate en la cama; estás demasiado enferma para ir a cualquier parte. De todos modos, si por alguna casualidad decide curarte, puede hacerlo mientras estás descansando en casa. No hay necesidad de salir..."

Puedes estar seguro de que el diablo estaba poniendo esos pensamientos en la mente de la mujer, ¡sus métodos son muy predecibles!;

pero afortunadamente ella no escuchó, y la conclusión de su historia está registrada para siempre en las Escrituras. Ella recibe una nueva oportunidad de vida cuando Jesús le dice: "...Hija, tu fe te ha hecho salva; ve en paz, y queda sana de tu azote." (Marcos 5:34).

Ten en cuenta que es su fe la que ha causado el milagro. El diablo sabe que sin fe carecemos de las manos espirituales necesarias para apropiarnos de las promesas de Dios. Para frustrar sus ataques contra nuestra fe, es esencial que comprendamos quién es y cómo opera.

Según las Escrituras, Satanás fue una vez Lucifer, el más deslumbrantemente bello, sabio y perfecto de los ángeles. El gran esplendor de Lucifer hizo que el orgullo se infiltrara en su corazón, corrompiendo su naturaleza hasta el punto de que deseaba usurpar el lugar de Dios. En Ezequiel e Isaías leemos acerca de las extraordinarias dotaciones de este ángel, cómo estaba cubierto de gemas preciosas y sus mismos movimientos producían música, y el egocentrismo que siguió. Completamente enamorado de sí mismo, Lucifer condujo a un tercio de los ángeles en una rebelión que resultó en su expulsión del santo monte de Dios a la tierra. Nuestro planeta ahora es dominio de Satanás, por eso se le llama el "dios" de la tierra. Como explicamos previamente en detalle, Satanás asumió esa posición cuando en el Jardín del Edén, el hombre cedió su autoridad dada por Dios al enemigo a través de la desobediencia; pero Jesús, a través de su muerte en el Calvario, la recuperó para nosotros. Ahora, aunque Satanás ha sido derrotado, todavía está suelto en la tierra: su tiempo aún no ha llegado para que sea arrojado al abismo.

Pero ese tiempo se está acercando y él lo sabe: "Por lo cual alegraos, cielos, y los que moráis en ellos. ¡Ay de los moradores de la tierra y del mar! porque el diablo ha descendido a vosotros con gran ira, sabiendo que tiene poco tiempo." (Apocalipsis 12:12) Por lo tanto, los esfuerzos de Satanás para derrotar a los cristianos y mantener el Evangelio alejado de quienes caminan en la oscuridad son cada vez más desesperados y feroces. Solo tenemos que encender la televisión para ver las señales del tiempo del fin, muchas de las cuales Jesús describió. Hay guerras y rumores de guerras; terremotos, tornados, incendios forestales, inundaciones, pandemias y otros desastres catastróficos sin precedentes que están ocurriendo.

Los antibióticos están perdiendo eficacia y las enfermedades que pensamos erradicadas están regresando, junto con virus mutantes que los científicos temen que puedan causar nuevas pandemias horribles. Las economías nacionales están al borde de la bancarrota y en nuestro país la deuda nacional se ha descontrolado. Estamos presenciando el cumplimiento de las profecías bíblicas finales a medida que avanzamos hacia la gran tribulación y la segunda venida de nuestro Mesías.

Aunque no está dentro del alcance de este libro estudiar los desarrollos de los últimos tiempos, debemos estar al tanto de los tiempos en que vivimos. Como se profetizó en las Sagradas Escrituras, Israel se convirtió en un estado en 1948, y los judíos regresaron a la Tierra Prometida desde todos los rincones del mundo. Los eventos internacionales ahora también confirman la representación del Libro de Apocalipsis de un gobierno y una moneda mundiales. Se está preparando el escenario para el anticristo, el peón especial de Satanás que se elevará a una posición de gran poder.

Apocalipsis se refiere a este malvado, pero carismático, gobernante como "la bestia" y todos los que deseen comprar, vender o participar en cualquier tipo de comercio se verán obligados a llevar su "marca", ya sea en la mano o en la frente. Juan El Revelador identifica esta marca con el número 666. Actualmente, nuestro gobierno está trabajando en el desarrollo de un microchip que contendrá la información bancaria y otra información esencial de una persona; el objetivo es que todos tengan un chip implantado. No hay duda de que el mundo gira rápidamente hacia el tiempo del fin descrito en las Sagradas Escrituras.

Pero nada de esto - ¡absolutamente nada! - puede impactar negativamente a un creyente que está enfocado en el Señor. Para cada tribulación, Dios tiene un buen resultado planeado. Él arrebatará a Su iglesia del mundo antes de que se revelen los verdaderos colores del anticristo y la ayudará en cada situación que enfrente. Pero ten en cuenta que no basta con ser un creyente: todos tus sentidos deben estar entrenados en Aquel que está por encima de cada circunstancia, no en la circunstancia misma. De hecho, Satanás usa las circunstancias para inyectar miedo en nuestros corazones. El miedo es el polo opuesto de la fe porque es una falta de confianza en Dios.

Piénsalo: si realmente crees en la Palabra de Dios, sabiendo que Él te ama, que Él hace que todo funcione para tu bien, que Él pelea tus batallas y que Él nunca te dejará ni te abandonará, ¿qué causa tienes que temer? Y ten en cuenta que, así como la fe hace que nuestras esperanzas se manifiesten, el miedo atrae lo que no queremos. Considera el amargo lamento de Job después de perder a su familia y todo lo que tenía:

"Porque el temor que me espantaba me ha venido,

Y me ha acontecido lo que yo temía." (Job 3:25)

Aprendamos de Job y rechacemos los esfuerzos de Satanás para derribarnos con miedo: podemos orquestar nuestra propia destrucción creando situaciones malas. Como lo he subrayado repetidamente, las palabras que salen de nuestra boca deben estar ligadas a la fe, no agobiadas por el miedo. En 2 Timoteo 1:7 leemos que el miedo es en realidad un espíritu y no proviene de Dios. Este espíritu es uno de los compañeros de ayuda favoritos del diablo, uno que debe ser resistido de manera contundente e inequívoca.

He escuchado a mucha gente argumentar que un poco de miedo es natural y necesario, aunque solo sea para sobrevivir. Esta es una doctrina de demonios que quieren que bajes la guardia para que puedan entrar como una inundación. Cuando el miedo se afianza, trae consigo otros espíritus, como la desesperanza, la depresión y la enfermedad. La fe y el miedo no pueden coexistir. Es por eso que la Biblia está llena de advertencias para "no temer"; en ninguna parte nos anima a abrazar incluso un poquitico de miedo. No, como el Cuerpo de Cristo debemos ser cautelosos y sabios, usar el buen juicio y siempre buscar la guía de Dios, pero llenos de santa valentía y confianza en nuestro poderoso Dios.

¿Cómo se puede resistir efectivamente el miedo, ese espíritu poderoso y a veces aparentemente abrumador? A través de una decisión decidida de confiar en Dios, alabándolo y creyendo en Su Palabra. David escribió el Salmo 56 durante un momento muy difícil en su vida cuando, huyendo por su vida del Rey Saúl, fue capturado por los filisteos. Rápidamente lo reconocieron como el oponente odiado que había matado a su campeón, Goliat; Y para colmo de peores, ¡David estaba armado con la misma espada que había usado para cortar la cabeza del gigante!

Claramente la vida de David estaba en juego y de seguro, Satanás le estaba torturando con pensamientos de una muerte espantosa a manos de sus captores. Pero incluso en medio de esta situación extrema, David tomó una decisión: "En Dios alabaré su palabra; En Dios he confiado; no temeré; ¿Qué puede hacerme el hombre?" (Salmo 56:3-4). Y, tres veces en los trece versículos que componen este salmo, David repite su compromiso de alabar a Dios.

Resistir al diablo en general, y al espíritu de miedo en particular, comienza con una decisión consciente y determinada. Amy, miembro de nuestra congregación y madre de dos niñas, compartió con nosotros una lucha que atravesó poco después de su divorcio: "El padre de mis hijos había regresado a Colombia, dejándonos sin dinero. Acababa de obtener mi licencia como agente de bienes raíces, pero luego el mercado inmobiliario se vino abajo... Tuve mucho miedo. ¡Recuerdo estar acostada en la cama por la noche, imaginando a mis bebés durmiendo debajo de un puente! No tenía dinero para el alquiler y lo poco que tenía para la comida se estaba acabando rápidamente. El estrés literalmente me estaba matando y, sin embargo, sabía que el miedo era un crimen contra el amor de Dios. Le supliqué que por favor me ayudara. Luego comencé a citar Escrituras que hablan de la provisión de nuestro Señor. Después de unos días, el miedo desapareció por completo, a pesar de que nuestra situación financiera no había cambiado. Continué alabando a Dios y repitiendo las Escrituras, y justo a tiempo, El me trajo una venta multimillonaria."

Ahora, si Satanás no puede derribarte con miedo, tratará de hacerte pecar de otra manera. Es importante entender que, si eres cristiano y no estás caminando en pecado, Satanás no puede tocarte; por lo que debemos hacer un inventario frecuente de nuestro estado espiritual, pidiéndole al Espíritu Santo que nos ayude a revelar cualquier pecado del que no estemos conscientes.

Recuerda que la paga del pecado es muerte. Eso significa que la paga que has ganado como resultado del pecado es destrucción. Puede ser la destrucción de tus finanzas, relaciones, salud, negocios e incluso la muerte literal. Sabiendo esto completamente bien, el diablo tratará de hacerte tropezar. Uno de sus pecados favoritos es la falta de perdón, porque como hemos enfatizado en capítulos anteriores, nos lleva al juicio de Dios. Un principio clave del Reino es que cosechamos lo que sembramos. Si no perdonamos a los demás, no podemos esperar que Dios nos perdone; de hecho, ¡podemos esperar cosechar una falta de perdón!

Otra área de la tentación satánica es la mala conducta sexual. Ten mucho cuidado con lo que ves en el cine o en la televisión, así como con lo que lees. Puede aparecer un espíritu de lujuria en una persona que ha sido indiscriminada sobre aquello a lo que se ha expuesto; puedes comenzar a ver programas picantes solo para terminar en pornografía e infidelidad. ¡No desarrolles un gusto por el veneno! Y mientras tratamos del tema de la infidelidad, deja que la sabiduría siempre guíe cada uno de tus pasos.

Mira lo que les sucedió a Jake y Suzie, una pareja cristiana que había estado junta por más de veinte años. Se habían enamorado en la universidad y habían sido inseparables desde entonces. Su matrimonio era verdaderamente ejemplar, una fuente de fortaleza e inspiración para sus hijos, hasta que Jake consiguió un nuevo trabajo con un sueldo mucho mejor pero un largo viaje.

Una compañera de trabajo sugirió compartir el viaje, lo que podría haber sido una buena idea, excepto por un problema: la compañera de trabajo era una pelirroja muy sexy que favorecía las faldas cortas y los escotes profundos, y estaba enamorada de Jake, quien le recordaba a George Clooney. Jake acordó viajar juntos y, como resultado de esa pésima decisión, corazones fueron rotos, un buen matrimonio casi destruido, y la confianza violada irreparablemente.

Jake incluso terminó perdiendo su trabajo cuando la joven pelirroja, molesta que él quería romper, formó tremenda escena en la oficina. La compañía tenía regulaciones estrictas contra los empleados que se relacionaban amorosamente, y un asunto adúltero era inaceptable. Solo podemos imaginar cómo las malas lenguas deben haber estado opinando sobre el "supuesto cristiano que estaba en una aventura adúltera con una chica que ha podido ser su hija". El pecado de Jake no solo lastimó a su familia, sino que destruyó su testimonio, impactando negativamente el Reino. Recuerda que el mundo te está mirando: si caes, señalan con el dedo al cristianismo, descartándolo como una farsa hipócrita. Tienes el privilegio de ser un Embajador del Reino, un representante del más alto nivel, y tu comportamiento debe ser ejemplar.

Otros pecados que pueden abrir una puerta al demonio son las disputas, la envidia, la ira, la lujuria, que es un anhelo incontrolado por todo lo que nuestra carne desea, adicciones, codicia y, por supuesto, orgullo. Cada uno de nosotros es responsable de identificar áreas de debilidad, y decidirnos a superarlas con la ayuda del Señor. Recuerda que, si te humillas ante Dios, Él promete ayudarte. No hay nada en ti, ninguna debilidad, o pecado — ¡nada! — que sea una sorpresa para nuestro Dios omnisciente.

Como hemos visto, el diablo usa las palabras de nuestra boca y las puertas que abrimos a través del pecado para destruir nuestra fe. Otro de sus métodos favoritos es usar a otras personas para desanimarnos y destruir nuestros sueños. ¿Recuerdas al hombre que sintió que Dios quería que abriera un restaurante italiano, pero luego cambió de opinión cuando sus seres queridos lo desanimaron? Se perdió una bendición que Dios tuvo para él porque permitió que opiniones humanas impactaran su decisión. Situaciones como esta ocurren todo el tiempo, así que ten cuidado de no compartir tus sueños con demasiada libertad. E incluso si los que amas y respetas van en contra del plan de Dios para ti, mantente firme.

Había un joven con un problema de tartamudeo que se sintió llamado a ser un predicador carismático. Al principio discutió con el Espíritu Santo, recordándole que su impedimento del habla no permitiría tal carrera. Dios no se dejó influenciar y la necesidad de ingresar al ministerio creció en su corazón. Cuando les dio la noticia a sus padres, que eran ortodoxos griegos, pensaron que se había vuelto loco. Todas las fuerzas del infierno estaban opuestas a que este joven cumpliera su destino porque sabían que llegaría a tocar miles de millones de vidas para el Reino. ¿Quién no ha oído hablar de sus Cruzadas milagrosas, o "This Is Your Day", uno de los programas cristianos más vistos de la televisión? Es posible que hayas leído sus libros, y si el nombre de Benny Hinn no te suena, ¡probablemente hayas estado viviendo en otro planeta! Dios pudo usarlo porque Benny se mantuvo firme incluso cuando todos sus seres queridos lo desanimaban.

El Señor se deleita en elegir los recipientes más improbables para sus mejores obras. Casi todos los discípulos eran pescadores humildes y sin educación, pero la Biblia relata situaciones en las cuales hablaron con tanta elocuencia que su público quedo asombrado. ¡A Dios le gusta usar personas que son consideradas fracasos o no aptas a los ojos del mundo, porque entonces Su poder y gracia se manifiestan gloriosamente! Así que no dejes que un amigo o familiar bien intencionado disminuya las cosas buenas que Dios ha puesto en tu corazón. Mejor aún, se muy selectivo con quién confías tus sueños y mantén la boca cerrada siempre que sea posible.

Intentando sabotear tu fe, Satanás también puede poner pensamientos directamente en tu mente. Él pasa años estudiándonos y conoce muy bien nuestras debilidades; en consecuencia, intenta plantear la semilla de una sugerencia en tu cerebro. Si recibes esa sugerencia, en lugar de rechazarla de inmediato, puedes esperar una mala cosecha que incluso puede bloquear tus bendiciones.

Déjame darte un ejemplo hipotético. Imaginemos que Doris, una estudiante universitaria recién graduada, está buscando trabajo. Ella ha enviado su currículo a varias compañías, pero el Espíritu Santo pone en su corazón que debe ir directamente al departamento de recursos humanos de la empresa donde más le gustaría trabajar. Ahora Doris es tímida e insegura, preferiría no tener que ir personalmente a menos que primero la llamen para una entrevista... De repente, un pensamiento aterriza en su mente: "Te ves bien en tu currículo, pero no en la vida real. Eres demasiado bajita y gorda."

Doris comienza a examinarse críticamente en el espejo, ¡y su horror crece! "Es verdad", piensa, "soy una morsa. Nadie va a querer contratarme". Mientras la desesperación se apodera de ella, decide que incluso una morsa tiene derecho a un poco de felicidad, en forma de una cucharita de Haagen Dazs. Diez minutos después, Doris se ha comido todo el contenedor de helado y ahora por encima de sentirse gorda, la pobre tiene nausea. Llorando en la cocina, Doris decide que no irá a ningún departamento de recursos humanos; quizás otro día cuando se sienta mejor.

Ahora, lo que Doris debería haber hecho es rechazar inmediatamente los pensamientos negativos, reemplazándolos con palabras que dan vida. "No, Dios dice que estoy hecha maravillosamente. Y si Él es para mí, ¿quién puede estar en mi contra? Me ayudó a graduarme como la mejor de mi clase. Ciertamente puede hacer un camino para conseguir un trabajo en la compañía de mis sueños. Confiaré en que el Señor abra las puertas correctas; mi única responsabilidad es ir a donde él me diga ". Este es el tipo de declaración en la que tenemos que meditar y decretar para vencer las mentiras del enemigo.

Al ser obedientes al Señor y resistir cualquier pensamiento que sea contrario a lo que Él nos dice, podemos estar preparando un gran milagro, tanto para nosotros como para los demás. Mira a Joel Osteen, quien sintió que nunca podría llenar los zapatos de su padre, John Osteen. El Señor lo llamó al púlpito y, aunque ser un predicador era lo último que Joel quería, se sometió a su Creador. ¡Y gracias a Dios por su obediencia! El impacto que Joel Osteen ha tenido en el mundo es inmensurable y ahora ama su llamado; pero todo comenzó con una decisión de confiar en Dios a pesar de las objeciones en su mente.

Mientras que hablamos el tema de cómo el diablo trata de manipular nuestra mente, permíteme advertirte que a veces plantea pensamientos que pueden parecer espirituales y piadosos. Esto es particularmente cierto con los engaños que se disfrazan de humildad. Por ejemplo, Satanás puede venir susurrando que eres inútil y, tratando de rechazar el orgullo, abrazas esa declaración. Pero ¿cómo puedes ser un gigante de la fe, moviendo montañas y apropiándote audazmente de las bendiciones de Dios si crees que eres un inútil?

La humildad bíblica se refiere a nuestra relación con Dios. Tenemos que entender que todo lo bueno que tenemos ha venido de Su mano y debemos someternos a Su autoridad. La gratitud es una manifestación de la humildad: una persona humilde siempre encuentra razones para agradecer a su Creador. ¿Tienes buena mente para las matemáticas? Dios te la dio. ¿Tiene hijos? Son un regalo del Señor. Tus habilidades, familia, posesiones materiales, todo proviene del Señor.

Agradécele diariamente por su bondad y si alguna vez sientes la tentación de felicitarte por la abundancia que tienes, recuerda que, si no fuera por su favor, serías pobre. Una persona humilde ve a Dios como su única fuente y el capitán de su vida. Pero tiene una comprensión firme de quién es como cristiano y cómo es amado por el Padre. Él sabe que es de la realeza, un coheredero con Cristo, sentado en lugares celestiales e investido de toda autoridad. Él sabe que es valorado y apreciado por el Padre, la niña de los ojos de Dios.

Para concluir, me gustaría reiterar que el enemigo esta vencido y no puede tocar un solo cabello en tu cabeza, a menos que el pecado deliberado te saque fuera de la protección del Padre, o creas los engaños de Satanás, orquestando tu propia caída. Al comienzo de este capítulo, compartí con ustedes el terror que Andrea sintió al ver un demonio. Comparemos eso con la reacción de Martin Lutero a un evento similar. El gran reformador se despertó para encontrar al demonio posado en su cama. "Oh, solo eres tú", dijo Lutero, con un bostezo. Luego se dio la vuelta y volvió a dormir.

Ese es el tipo de fe que ata las manos del enemigo. Se basa en una comprensión de lo que Cristo ganó para nosotros, quiénes somos en Él y la victoria que es nuestra en cada situación. Cuando el Padre de las Mentiras, el embaucador y el ilusionista maestro viene contra ti, levántate en la plenitud de tu autoridad dada por Dios, declarando como Lutero: "Oh, eres solo tú". ¡Después de todo, él no es más que un enemigo derrotado!

Capítulo 10

Creciendo Tu Fe

Acampados en el valle junto a la colina de More, los madianitas y amalecitas eran tan numerosos como una plaga de langostas. El enorme enjambre negro se extendía hasta donde alcanzaba la vista, un ejército despiadado contra los israelitas. Estaban bien armados, bien alimentados y tenían tantos camellos como "la arena que está a la rivera del mar en multitud" (Jueces 7:12). La escena hubiera sido desalentadora incluso para un soldado endurecido, ahora imagínese si el Señor le hubiera ordenado atacarlos ¡con solo trescientos hombres! Además, imagine que sus armas debían ser meras trompetas, cántaros y antorchas... Por inconcebible que parezca, ¡esto fue exactamente lo que Dios le pidió a Gedeón!

Originalmente, el joven había contado con un ejército de más de 30,000 hombres; sin embargo, el Señor no quería que Israel se atribuyera la victoria que Él estaba trayendo. Así pues, le dijo a Gedeón que despidiera a todos menos a un puñado de hombres: los trescientos que, cuando fueron a beber agua en el río, la tomaron de sus manos en lugar de lamerla como perros.

Puedes estar pensando que sería una locura avanzar con esas probabilidades imposibles, pero Gedeón obedece y se gana una posición distinguida en la Biblia. Ahora, permítanme señalar que no siempre fue valiente o un modelo de fe. De hecho, cuando primero nos encontramos con nuestro héroe está escondiéndose de los madianitas en un lagar. De repente aparece el Ángel del Señor, informando a Gedeón que es un "hombre valiente", elegido para liberar a los israelitas de la opresión del enemigo.

La reacción inmediata de Gedeón es quejarse de cómo Dios ha abandonado a Israel, y luego quejarse de que su clan es el más débil y él, Gedeón, el menor en la casa de su padre. Ciertamente, él no está actuando como un héroe, pero Dios, que llama cosas que no son como si lo fueran, no se desanima. Cuando Gedeón trae una ofrenda de carne, pan y caldo al Ángel, el fuego lo consume sobrenaturalmente

Esa señal dramática combinada con la visita de un ser celestial debería haber sido suficiente para lograr que Gedeón se uniera al plan de Dios, pero su fe aún no está a la altura. De hecho, cuando Dios le ordena derribar el altar de Baal y construir uno para el Señor, nuestro joven se esconde porque "...temiendo hacerlo de día, por la familia de su padre y por los hombres de la ciudad, lo hizo de noche." (Jueces 6:27). Claramente, él todavía no creía que Dios lo protegería, mucho menos que el Todopoderoso lo hubiera elegido para liberar a los israelitas.

Por lo que Gedeón le pide al Señor otra señal, diciendo: "Si has de salvar a Israel por mi mano, como has dicho, he aquí que yo pondré un vellón de lana en la era; y si el rocío estuviere en el vellón solamente, quedando seca toda la otra tierra, entonces entenderé que salvarás a Israel por mi mano, como lo has dicho" (Jueces 6: 36-37). A la mañana siguiente, nuestro joven saca un cuenco lleno de agua del vellón.

Pero la fe de Gedeón aún no está a la altura de la tarea: a la noche siguiente suplica por la señal inversa: que el vellón permanezca seco y el piso circundante húmedo. Una vez más, el Señor cumple. ¡Gedeón se está convirtiendo en el tipo de gigante lleno de fe que se atrevería a enfrentarse a un vasto ejército con nada más que trescientos hombres y sin armas adecuadas!

Hacer crecer nuestra fe es un proceso que depende de la obediencia a Dios. Recuerda que lo primero que el Señor le pidió a Gedeón fue que derribara el altar de Baal y le construyera uno. Ahora las Escrituras son muy claras de que Gedeón tenía miedo, sin embargo, él completa su tarea, siguiendo cuidadosamente las instrucciones de Dios. Al día siguiente, cuando los lugareños descubren que Gedeón ha profanado su altar, quieren matarlo, pero, por supuesto, el Señor tiene la situación en sus manos y no le hacen daño al joven. Debido a que Gedeón obedeció, Dios pudo probarse fiel y la confianza del joven en su Dios creció.

Aun así, debido a que la fe de Gedeón no es perfecta, el miedo sigue siendo un factor en su vida. Gedeón es totalmente obediente: despide a todos los hombres y retiene solo a los trescientos elegidos por Dios, pero la Biblia nos muestra su inquietud. De hecho, el Señor le dice a Gedeón que si tiene miedo debe ir al campamento enemigo y escuchar por sí mismo cómo Dios ya ha obtenido la victoria. El Todopoderoso le asegura que "...y entonces tus manos se esforzarán, y descenderás al campamento...". (Jueces 7:11). Dios sabe muy bien que, al comienzo de nuestra caminata de fe, cuando Él nos ha pedido que hagamos algo completamente contrario a la razón humana, a menudo necesitamos mayor seguridad.

Y así, Gedeón se escabulle hacia el valle y escucha a un hombre que "estaba contando a su compañero un sueño, diciendo: He aquí yo soñé un sueño: Veía un pan de cebada que rodaba hasta el campamento de Madián, y llegó a la tienda, y la golpeó de tal manera que cayó, y la trastornó de arriba abajo, y la tienda cayó. Y su compañero respondió y dijo: Esto no es otra cosa sino la espada de Gedeón hijo de Joás, varón de Israel. Dios ha entregado en sus manos a los madianitas con todo el campamento" (Jueces 7: 13-14). El relato bíblico nos dice que después de escuchar estas cosas, Gedeón adoró al Señor, la primera vez que oímos que lo hizo. Tampoco volvemos a escuchar que tiene miedo.

Con santa valentía y confianza, le dice a sus hombres que Dios ya les ha ganado la victoria. Su parte es simplemente rodear el campamento en medio de la noche, tocar las trompetas, romper las jarras y agitar sus antorchas. Y así es que el pánico y el pandemonio estallan en el asentamiento enemigo, en medio de gritos aterrados de "La espada del Señor y de Gedeón". Algunos de los madianitas huyen, otros se topan con sus espadas; tal como Dios prometió, el campamento se entrega en la mano de Gedeón. Al amanecer, el poderoso asentamiento del ejército enemigo es el escenario de una terrible destrucción. Si lees el Libro de los Jueces, apreciarás plenamente cómo Gedeón, el joven asustado que se encoge de miedo en el lagar, se convierte en "el poderoso hombre de valor" que libera a Israel. Y todo comenzó con la obediencia.

También vimos que Gedeón adoró al Señor. La alabanza y la adoración son esenciales para hacer crecer nuestra fe porque nos conectan íntimamente con nuestro Padre. La Biblia enseña que Dios habita en la alabanza de su pueblo; Nos llena hasta rebosar cuando lo adoramos. Ahora no me malinterpretes: cuando aceptas a Cristo, Dios toma residencia en ti. Pero la alabanza y la adoración activan su presencia de manera intensificada.

Permítanme ilustrar con un simple ejemplo. Mi esposa y yo somos muy unidos y cuando nuestros horarios de viaje nos separan, ambos sufrimos. Compartimos un fuerte vínculo de amor que nada puede disminuir. Pero en ciertas ocasiones, hago todo lo posible para mostrarle mi amor. Puedo llevarla a uno de sus restaurantes favoritos y pasar la noche diciéndole lo hermosa que es y lo agradecida que estoy de que esta en mi vida. Pero independientemente de a dónde vamos o qué hacemos, mi enfoque completo está en ella. Esos tiempos nos llevan a un lugar especial de intimidad; Siempre veo por el brillo en sus ojos lo significativos que son. Así es cuando alabamos y adoramos al Señor.

David entendía completamente la importancia de la alabanza y la adoración y muchos de sus salmos son canciones de amor al Señor. Ahora hay momentos en que no tenemos ganas de alabar y adorar, tal como ha habido momentos en los que no he tenido ganas de sacar a mi esposa. Quizás me sentía cansado o agobiado por un problema o por alguna otra razón, pero el hecho de que, sin embargo, le diera prioridad a Mariam, hizo que ella se sintiera aún más especial.

Alabar y adorar al Señor es muy bueno cuando todo va bien en nuestras vidas; pero es absolutamente esencial cuando tenemos problemas. ¿Recuerdas que vimos cómo Pablo y Silas, a pesar de haber sido brutalmente golpeados y encarcelados, alababan al Señor? Bueno, sus acciones les dieron un alivio casi inmediato ya que fueron rápidamente liberados por un poderoso terremoto. La alabanza y la adoración mueven al Señor a actuar en nuestras vidas de la manera más efectiva y espectacular. Sus acciones a su vez nutren nuestra fe, haciéndonos confiar más en Él, tal como lo vimos con Gedeón.

La alabanza y la adoración también tienen el efecto de repeler a los demonios que no pueden soportar escuchar al Señor magnificado. Es por eso por lo que la Biblia habla de ponerse la vestimenta de alabanza para el espíritu cargado. Como hemos aprendido, la depresión y el miedo son demonios cuya agenda es sabotear nuestra fe. Pero las Escrituras enseñan que la alabanza hará que esos espíritus malignos te dejen en paz. Ahora observa que, así como ponernos una prenda de vestir es un acto deliberado y calculado, ponernos la vestimenta de alabanza es un acto consciente de nuestra voluntad. Y como una camisa cubre nuestra desnudez física, la vestimenta de alabanza cubre la desnudez espiritual. Nunca, nunca abandones los momentos regulares de alabanza y adoración con tu Señor; Son esenciales para convertirte en un movedor de montañas.

Otra forma importante de nutrir nuestra fe es a través del ayuno. Puede sonar contradictorio, pero es una verdad que surge de nuestra naturaleza trina. Te recuerdas que Dios es Padre, Hijo y Espíritu Santo: tres personas en una Deidad; y nosotros también somos tres en uno: espíritu, alma y cuerpo. Hay una tensión esencial entre nuestro espíritu, por un lado, y nuestro cuerpo y alma por el otro; como dijo Jesús, el espíritu está dispuesto pero la carne es débil. Si no se controla, los deseos de nuestra carne nos llevan a pecar; Por lo tanto, es esencial que nuestro espíritu esté siempre a cargo. El ayuno y la oración disminuyen la carne, fortaleciendo nuestro espíritu.

En el Evangelio de Mateo leemos que un niño poseído por demonios a menudo era arrojado al fuego y al agua, sufriendo ataques epilépticos. Cuando los discípulos no logran expulsar los espíritus malignos, el padre lleva al niño directamente a Jesús, quien inmediatamente lo libera. Ahora, al leer este relato detallado en el capítulo 17, notarás que dos veces Jesús hace referencia a la falta de fe de los discípulos como la razón de su fracaso. Luego continúa diciendo: "... este género no sale sino con oración y ayuno". Esta Escritura ha sido interpretada en el sentido de que ciertos tipos de demonios solo pueden ser expulsados si oras y ayunas. Pero si consideramos el contexto en el que Jesús hizo esa declaración, nos damos cuenta de que ha estado hablando de incredulidad y falta de fe. Es ese tipo de incredulidad que no sale, excepto por la oración y el ayuno.

La oración siempre es esencial: no puedes tener una relación con tu Padre celestial si no te comunicas con él, pero cuando se combina con el ayuno nos hace especialmente sensibles al ámbito espiritual. Y la fe poderosa se desarrolla en nuestro espíritu. Recuerda que cuando comenzó su trayectoria de fe, Gedeón necesitaba señales de Dios, pero a medida que creció, se volvió valiente y audaz, ya no miraba lo que sucedía a su alrededor y lo que percibía con sus sentidos. El Todopoderoso quiere que alcancemos un nivel de fe en el que confiamos solo en Él y en Su Palabra, sin necesidad de señales y maravillas y sin ser influenciados por las circunstancias.

Vale la pena repetir que nuestro enemigo opera en lo natural y que él también puede hacer milagros aparentes. El libro de Éxodo narra cómo el Señor le ordenó a Moisés que golpeara el río para que se convirtiera en sangre. Esta fue la primera de las diez plagas diseñadas para hacer que Faraón liberara a los israelitas de su cautiverio. Ahora los magos del faraón también pudieron convertir el agua en sangre.

En el ámbito natural, Satanás puede engañarnos, escenificando milagros aparentes y organizando eventos diseñados para frenar nuestra fe. Por esta razón, Dios quiere alejarnos de cualquier dependencia de lo que nuestra carne percibe a través de nuestros sentidos. La oración combinada con el ayuno efectivamente nos atrae al reino del Señor, la dimensión espiritual donde somos uno con nuestro Padre, y donde nos encontramos muy alejados del diablo.

Además de la obediencia, la alabanza y la adoración, el ayuno y la oración, leer y estudiar la Biblia son esenciales para desarrollar una gran fe. Si no estás muy familiarizado con la Palabra, no puedes conocer a Dios o cómo opera Su Reino. En el próximo capítulo aprenderemos más sobre la forma en que trabaja nuestro Señor, pero por ahora es suficiente decir que Él rompe todas las limitaciones naturales, superando todo lo que podamos comprender o imaginar. Debido a que estamos llamados a operar de la misma manera, somos responsables de aprender la Palabra.

La Biblia también revela cosas sobre nosotros mismos que deben ser confrontadas y cambiadas si queremos ser cristianos poderosos. En Hebreos 4:12, el apóstol Pablo declara que "...la palabra de Dios es viva y eficaz, y más cortante que toda espada de dos filos; y penetra hasta partir el alma y el espíritu, las coyunturas y los tuétanos, y discierne los pensamientos y las intenciones del corazón." . El Espíritu Santo a menudo usa las Escrituras para mostrarnos el estado de nuestro corazón. También deposita verdades bíblicas en lo profundo de nuestro ser que nos hacen crecer a la semejanza de Cristo y ayudarán a mantenernos firmes contra el enemigo.

Recuerda que, durante la tentación en el desierto, nuestro Señor citó las Escrituras que contrarrestan cada tentación satánica con "está escrito..." ¡La Palabra es un arma formidable, una que, como dijo Pablo, es viva, poderosa y más fuerte que cualquier espada de dos filos! Aprovechemos esta arma incomparable estudiando nuestra Biblia diariamente.

Deberíamos acostumbrarnos a declarar en voz alta las Escrituras que queremos ver cumplidas en nuestras vidas. Esto es lo que hicimos cuando nuestro hijo, Albertico, de adolescente, se alejó del Señor. Fue un período de tiempo doloroso: nuestro niño había rechazado a Dios, cayendo en las drogas y el alcohol. Ahora, Mariam y yo podríamos habernos enfocado en el problema, cargándonos con mil preguntas que no tenían respuesta. ¿Cómo podría pasarle esto a nuestro único hijo, el que estaba dedicado al Señor? ¿Dónde nos equivocamos? ¿Qué deberíamos haber hecho de manera diferente? El deseo de nuestro corazón, que sirviera al Señor siguiendo nuestros pasos, parecía inalcanzable, y cada fibra de nuestro ser quería hundirse en la desesperanza. Pero reaccionamos, extrayendo la Palabra de fortaleza, y usándola para decretar la voluntad de Dios sobre la vida de Albertico. Una de nuestras Escrituras favoritas era de Génesis 18:19:

"Porque yo sé que mandará a sus hijos y a su casa después de sí, que guarden el camino de Jehová, haciendo justicia y juicio, para que haga venir Jehová sobre Abraham lo que ha hablado acerca de él."

Le recordamos al Señor que nos había elegido para predicar Su Evangelio y que, por lo tanto, nuestros hijos tenían que caminar en Sus caminos. Todos los días, Mariam y yo decretábamos la Palabra de Dios sobre nuestro hijo hasta que finalmente vimos resultados en lo natural. ¡Hoy, nuestro hijo es pastor y trabaja estrechamente con nosotros en proyectos del Reino! ¡A Dios sea la gloria!

Hemos visto que la fe que mueve montañas se desarrolla a través de la obediencia, la alabanza, la adoración, la oración, el ayuno, la lectura de las Escrituras y el decreto sobre nuestras vidas. Otro elemento que no debe pasarse por alto es congregarse con otros cristianos. El ejemplo más obvio de esto es ir a la iglesia. No, no necesitas asistir a la iglesia los domingos para ir al cielo, pero si quieres sentirte en el cielo, ¡te insto a que vayas! No es lo mismo sentarte en casa escuchando un sermón en la televisión. Dios honra la adoración colectiva de su pueblo, derramando generosamente su Espíritu y obrando milagros.

Una mujer que conocemos bien nos dijo que, durante uno de los períodos más oscuros de su vida, se sintió tentada a no ir a la iglesia. Eva estaba abrumada por serios problemas de varios tipos, hasta el punto de preguntarse si Dios la había abandonado. Un domingo por la mañana, mientras debatía si ir al servicio o no, vio un programa cristiano en el que el invitado, un rabino, explicó cómo los judíos ortodoxos usan el chal de oración. Él notó que cuando se tira sobre la cabeza, el chal de oración proporciona un espacio íntimo donde el creyente se encuentra con Dios. Eva tenía una toalla a mano y se la arrojó sobre sí misma, gimiendo: "Oh, Dios mío, cómo me gustaría poder encontrarme contigo ahora mismo. Desearía que me cubrieras..." Después de un rato, a pesar de su gran cansancio, decidió que iría a la iglesia para honrar al Señor.

Ese día, mi esposa se estaba moviendo en una poderosa unción profética, paseándose por entre los congregantes, llena del Espíritu Santo y las palabras del Todopoderoso. Eva observó a Mariam decirle a una señora que Dios le traería un esposo dentro de un año; a otro ella anunció la curación divina para un niño enfermo; a otro más, una excelente promoción. Varias veces, Mariam caminó junto al banco de Eva y cada vez ella oraba: "Por favor, papá, realmente necesito una palabra también". Pero no pasó nada y pronto se hizo evidente que Mariam había terminado, subiendo las escaleras hasta el púlpito.

Parpadeando para contener las lágrimas de desilusión, Eva se preguntó cómo encontraría la fuerza para continuar. "En verdad, Dios ya no está conmigo", estaba pensando, cuando de repente, a mitad de las escaleras, Mariam se detuvo y se dio la vuelta.

"El Espíritu Santo me está diciendo que hay una persona más por la que debo orar". Los ojos de mi esposa recorrieron la congregación, luego su dedo salió disparado, "Alguien en esta área", dijo señalando en la dirección general del banco de Eva. El corazón de la mujer latía con fuerza mientras Mariam volvía sobre sus pasos por las escaleras y hacia su pasillo. ¿Podría ser que Dios había escuchado sus oraciones desesperadas? "Por favor, sal al pasillo", dijo Mariam indicando al hombre sentado frente a Eva. Este se levantó y la esperanza de Eva volvió a desvanecerse. Se había atrevido a pensar que tal vez su Padre Celestial tenía una palabra para ella... Marian estaba hablando de nuevo, "No", dijo agitando la mano para que el hombre se sentara, "tú detrás de él". Incrédula, Eva se señaló a sí misma; Mariam asintió con la cabeza.

Con las piernas como gelatina, la mujer se dirigió al pasillo. Mariam agarró una manta de uno de los ujieres y cuando Eva se paró frente a mi esposa, ella declaró: "El diablo realmente te ha estado golpeando, pero el Señor dice que escuchó tus oraciones y ahora te está cubriendo". Con eso, Marian arrojó la manta sobre la cabeza de Eva.

Lo que sucedió después de ese punto fue un poco confuso para Eva. Recuerda haberse encontrado sentada en su trasero en medio del pasillo central de nuestra iglesia, cubierta por la manta, solo las puntas de sus botas sobresalían y temblaban como el resto de ella. Allí, tal como Eva había deseado esa mañana, el Señor vino a encontrarse con ella, empapándola con Su gloriosa presencia.

Cuando salió de su capullo algún tiempo después, Eva se sentía como una persona nueva: fuerte, llena de esperanza, maravillosamente amada. Casi de inmediato, sus circunstancias comenzaron a mejorar también y unas semanas más tarde, Eva compartió con la iglesia cómo el Señor la había rescatado sobrenaturalmente de sus muchas dificultades. ¡Y todo comenzó con la decisión de honrar a Dios e ir a su santo templo, incluso cuando ella no tenía ganas!

Hay otras razones por las cuales es importante ir a la iglesia. Como ya dijimos, la iglesia es donde escuchas la Palabra y alimentas tu espíritu. "La fe es por el oír, y el oír, por la Palabra de Dios". Cuanto más escuches las Sagradas Escrituras, más profundo será el arraigo en tu espíritu y el crecimiento correspondiente en tu fe. Nunca puedes escuchar demasiado de la Palabra; Es por lo que animo a mi congregación a adquirir CDs de buenas enseñanzas bíblica y escucharlos con frecuencia. Para pensar como Dios piensa, debemos renovar nuestra mente, limpiarla de malos patrones de pensamiento y llenarla con Su hermosa verdad. Ambos metas se logran poderosamente a través de la Palabra de Dios que predicamos.

Ir al templo del Señor también te permite desarrollar relaciones con otros creyentes. Esto es muy importante ya que la trayectoria cristiana no debe hacerse sin acompañantes. En Eclesiastés 4:9-12, el gran y sabio Rey Salomón expone el valor de la amistad, concluyendo que un cordón triple no se rompe rápidamente. Cuando tienes el apoyo de otros cristianos, es mucho menos probable que caigas bajo los ataques de Satanás. Orarán por ti, te alentarán y te ayudarán. Al congregarte con otros cristianos, tu fe se refuerza escuchando testimonios de las cosas maravillosas que nuestro Señor ha hecho. Por eso, la Biblia enseña que no debemos abandonar la reunión de los hermanos. Te recomiendo involucrarte en un pequeño grupo que se reúne regularmente: ¡estos son verdaderos invernaderos para hacer crecer tu fe!

Por otro lado, también recomiendo que limites tus relaciones e interacciones no cristianas. Ahora claro que se supone que debemos compartir a Jesús y las cosas que ha hecho en nuestras vidas, pero debemos usar la sabiduría y el discernimiento. En Mateo 7: 6, Jesús nos advierte que no "...deis lo santo a los perros, ni echéis vuestras perlas delante de los cerdos, no sea que las pisoteen, y se vuelvan y os despedacen." Veamos una ilustración hipotética. Tienes un compañero de trabajo que no conoces muy bien y un día, en la fuente de agua potable, entablas una conversación. Le dices que eres cristiano y que Jesús cambió tu vida. Aunque una sonrisa condescendiente juega en su cara, lo invitas a almorzar. Piensas que, si él solo escucha tu testimonio, será influenciado.

El almuerzo resulta ser un desastre. Le dices que Jesús instantáneamente te liberó de los cigarrillos y la sonrisa vuelve a sus labios: "Ese es el poder de la mente", se burla. "Has oído hablar del efecto placebo, ¿verdad? Las personas que piensan que están tomando medicamentos mejoran. Dejaste de fumar porque creías que Jesús te ayudó sobrenaturalmente. Todo está en tu cabeza." Luego le cuentas sobre la nueva paz que sientes y cómo tu esposa quedó embarazada contra viento y marea; pero tiene una respuesta para todo. Al final de la comida, empiezas a preguntarte si este tipo podría tener razón. Quizás solo eres un fanático delirante... Te sientes desinflado, deprimido, derrotado. Lo que sucedió aquí es que le diste lo que es sagrado a un "perro" y él se dio la vuelta y rompió tu fe. Así que sé prudente en tus esfuerzos por testificar. Presta atención a las señales: si alguien claramente no está recibiendo tus palabras, sacúdete el polvo de los pies y sigue tu camino. Siempre deja que el Espíritu Santo te guíe: Él es quien convencerá al pecador, no tú.

Considera tus amistades y relaciones cuidadosamente; recuerda que tiendes a ser como aquellos con los que pasas el rato. Si te rodeas de cristianos maduros y llenos de fe, crecerás a su semejanza. A aquellos que son solteros, les advierto que solo salgan con otros cristianos. Puedes pensar que soy un poco extremo, pero mi consejo se basa en las Escrituras.

A través de Moisés, Dios advirtió a los israelitas que no se casaran con paganos porque eso los llevaría a prácticas detestables, como incursionar en lo oculto, y adorar dioses falsos. He visto este tipo de desacuerdo con muchos jóvenes que se involucran con los no creyentes. Recuerdo lo que le pasó a Mateo, un joven brillante y lleno del Espíritu que creció en nuestra iglesia. En la universidad conoció a una chica bella y encantadora, pero con la visión espiritual de una uña del pie. De mala gana, ella lo acompañó a un par de nuestros servicios dominicales, pero pronto Mateo dejó de venir por completo. Sus padres me dijeron que estaba viviendo con la niña y se había involucrado en las prácticas de la Nueva Era.

Afortunadamente y debido a que sus padres nunca dejaron de orar por él, Mateo volvió a Dios y a la iglesia. Por supuesto, el Señor lo perdonó por todo lo que había hecho, pero Mateo no escapo sin consecuencias. Uno fue un bebé concebido en una relación impía y que no tendría el beneficio de un hogar con dos padres. Otra consecuencia fue que un par de demonios de la exnovia se transfirieron a Mateo, incluyendo la depresión y la ira. Al igual que ella, ahora se encontraba enfurecido con frecuencia; también pasaba días a la vez en la cama, incapaz de vestirse e ir a clase. Finalmente recurrió a nuestro equipo de liberación y fue liberado, pero no antes de sufrir considerablemente con esos espíritus malignos. La moraleja de la historia es que debemos evitar relaciones estrechas con los no creyentes. Rodéate de almas gemelas, personas que realmente aman a Jesús y quieren servirlo. Reúnete con ellos regularmente y observa cómo su fe riega la tuya y la hace crecer y florecer.

Me gustaría enfatizar que desarrollar el tipo de fe que mueve montañas es un proceso que lleva tiempo. En Lucas 13: 18-19, Jesús dijo: " ¿A qué es semejante el reino de Dios, y con qué lo compararé? Es semejante al grano de mostaza, que un hombre tomó y sembró en su huerto; y creció, y se hizo árbol grande, y las aves del cielo anidaron en sus ramas." En este contexto, el reino de Dios es nuestra fe. El Señor nos da una medida de fe, una semilla que si se planta y cuida adecuadamente tiene el potencial de convertirse en un árbol poderoso.

Sin embargo, un árbol no sucede de la noche a la mañana. Podemos ayudarlo regando y fertilizando diligentemente, así como crecemos nuestra fe a través de la oración, alabanza, adoración, ayuno, lectura de nuestra Biblia y congregación con otros creyentes. Pero lleva tiempo desarrollar una red de raíces que pueda sostener un árbol a través de las tormentas más feroces, y que, en tiempos de sequía, le permite extraer agua de las profundidades de la tierra. Se necesita tiempo para desarrollar una sombra amplia y las ramas resistentes que pueden ofrecer refugio, proporcionando un lugar de sombra y descanso para otros. Así que no te desanimes si tu progreso ha sido lento. ¡Dios te está convirtiendo en un árbol poderoso e inamovible que atraerá muchas almas a Su Reino!

CAPITULO 11

Ya Está Hecho

Es difícil para nuestras mentes naturales comprender lo que voy a decir a continuación: todo lo que sucederá aquí en la tierra ya existe, y simplemente necesita ser transferido de la eternidad para manifestarse. Según Romanos 4:17, Dios llama a las cosas que no son, como si lo fueran. Él "las llama" porque existen en otro lugar.

Déjame ilustrar. Digamos que estás en la cocina preparando una agradable cena familiar y llamas a tu hijo que está jugando en el patio, "¡Federico, entra! ¡La cena está lista!" Obviamente, aunque no lo veas, tu hijo existe, sabes que está pateando una pelota a solo unos metros de distancia, ¡y no tienes que conjurar o crear otro hijo! Debido a que tienes autoridad y dominio sobre él, también tienes la expectativa de que al escuchar tu voz dejará de jugar, se lavará las manos y vendrá a la mesa. En tu mente, puedes visualizar a tu familia disfrutando de la lasaña casera que has preparado y compartiendo anécdotas del día. Puede que aún no haya sucedido, pero estás segura de que ocurrirá y lo anticipas con deleite.

Al igual, Dios nos dice que llamemos a esas cosas que no son como si lo fueran; plenamente convencidos que se transferirán desde la eternidad, desde la dimensión espiritual, al mundo físico y material. De la misma manera que sabes que tu hijo está afuera jugando y que entrará a tu llamada, debes llamar a las cosas que deseas ver en este momento presente.

En Josué 1:1-3, encontramos un pasaje interesante: "Aconteció después de la muerte de Moisés siervo de Jehová, que Jehová habló a Josué hijo de Nun, servidor de Moisés, diciendo: Mi siervo Moisés ha muerto; ahora, pues, levántate y pasa este Jordán, tú y todo este pueblo, a la tierra que yo les doy a los hijos de Israel. Yo os he entregado, como lo había dicho a Moisés, todo lugar que pisare la planta de vuestro pie."

Fíjate que Dios le dijo a Josué que cruzara el río con la gente y que ya les había dado la tierra. ¡El Señor estaba llamando a algo que aún no se había manifestado como un trato hecho! Solo requería obediencia y fe para sacar esta promesa de la eternidad.

Otra observación que se puede extraer de este pasaje bíblico es que, después de la muerte de Moisés, queda un vacío, que Josué está llamado a llenar. Dios le ordena que "se levante" y tome su lugar como líder de los hijos de Israel. Como lo hizo con Josué, el Señor nos llama a cada uno de nosotros a levantarnos y cumplir nuestro propósito aquí en la tierra.

No estás llamado a estar sentado en la iglesia, ¡has sido llamado a servir! Claro que hay una época cuando debes estar sentado, permitiendo que Dios te alimente, pero recuerda que tu bendición se basa en la bendición de Abraham. "Te bendeciré y tú bendecirás". El punto aquí es que seas de bendición para los demás. Ese es el propósito principal de ser llamado: estar en condiciones de ayudar a nuestro prójimo.

Ahora, obviamente, no puedes dar lo que no tienes. Si no tiene dos centavos para unir, no puedes ser una bendición financiera para los demás. Dios quiere prosperarte para que puedas ayudarte a ti mismo y a tu familia, y transmitir la bendición a otras personas. ¡Créelo! Y si no tienes salud, ¿cómo vas a "levantarte", como es el deseo de Dios? El Señor, es un padre amoroso y quiere que sus hijos estén sanos.

Cuando Dios le ordenó a Josué que "se levantara" fue porque había llegado el momento de llenar el vacío dejado por la muerte de Moisés. Hace años, al comienzo de mi ministerio, Dios me llamó para abrir la iglesia Alpha y Omega. Seguramente estaba llenando un vacío, tal vez alguien había muerto o había sido enviado a otro país u otro lugar. La razón "el por qué" no era mi problema, solo sabía que Dios me había ordenado que me levantara.

Y en un momento específico de tu vida, puedes estar seguro de que Dios querrá que te levantes y cumplas tu destino, llenando un vacío. Puede que seas llamado para convertirte en ministro o líder de un pequeño grupo, o Él puede llamarte para limpiar baños. Lo que sea que Él quiera, lo importante es servir a Dios. Por favor no lo esquives, con cuentos de que no estas listo. Si Dios te llama, Él sabe algo que tú claramente no sabes.

También le dijo a Josué que cruzara el río Jordán, y cruzar un río nunca es fácil. Representa un obstáculo, un impedimento para lograr nuestro objetivo. Cada vez que el Señor nos llama a hacer algo, puedes estar seguro de que aparecerán desafíos. Pero tu actitud determina el resultado. ¿Discutirás con Dios?, explicando que realmente no te gusta el agua — de hecho, casi no sabes nadar. ¿O confiarás en que Él tiene un buen plan?

Dios nunca te pediría que hagas algo que no estás listo para hacer. Si te dice que hagas un negocio, ¡hazlo! Recuerda, puede que no tengas dinero, pero tienes a Jehová de tu lado. ¡Y con Dios, todas las cosas son posibles!

Recientemente recibí una carta de una mujer que sentía que no tenía nada que ofrecerle a Dios, y pensaba que era bastante inútil e indigna. Mencionó que tenía tres hijos; buenos chicos que eran su gran orgullo y alegría. Le respondí que, de hecho, estaba prestando un servicio increíblemente importante para el reino: criar a sus hijos para que fueran personas piadosas y respetuosas con una base moral sólida. Su llamado era ser madre y estaba cumpliendo la tarea admirablemente.

Como dije anteriormente, todo lo que necesitas para cumplir con tu llamado ya se te ha dado en la eternidad. En Jeremías 1:5 Dios declara: "Antes que te formase en el vientre te conocí, y antes que nacieses te santifiqué, te di por profeta a las naciones." El verso está en tiempo pasado y se refiere a un Jeremías no nacido. Dios vive en la eternidad, y desde la eternidad vio que Jeremías nacería y el papel que jugaría dirigiendo a los israelitas. Él ya había creado y puesto en marcha todo lo que Jeremías iba a requerir para cumplir su misión.

Así como Dios conoció a Jeremías antes de que naciera el profeta, Él nos conoció a ti y a mí. Ahora, por favor, entiéndeme: solo porque Dios tiene un llamado para ti y un plan establecido, no se materializarán automáticamente en este mundo. Deben ser transferidos desde la eternidad hasta el presente, saliendo del Kairos, el tiempo de Dios, al Cronos, nuestro tiempo.

¿Cuál es el vehículo necesario para transferir todo lo que necesitas desde la eternidad hasta el presente? FE, pura y simple. Si no se ejerce nuestra fe, las bendiciones permanecen en la eternidad. Y como sabemos, la fe es creer sin dudar. Dios declaró y ha establecido en la eternidad todo lo que te pertenece. Él dice en su Palabra que somos sus coherederos: su herencia ya ha sido dada en la eternidad, pero necesita ser transferida al reino natural.

¿Estás enfermo? Cree que estás bien, viéndote completo y vigoroso. Entonces Dios comienza a formar en tu espíritu lo que ya está en la eternidad: tu salud completa. Lo que digo puede parecer contrario a lo natural, pero si sigues pensando en lo natural, ¡no veras a un Dios sobrenatural! Algunos dirán que no tiene sentido verte a ti mismo saludable cuando estás claramente enfermo. Ten en cuenta que Dios no opera a través de nuestros sentidos, sino más bien por revelación, un fenómeno sobrenatural. Mírate a ti mismo no como eres sino como quieres ser: fuerte, próspero, exitoso, y saludable, y transferirás al reino terrenal todo lo bueno que Dios tiene para ti.

Leemos en 1 Corintios 3:21-22 que "…porque todo es vuestro…". Dios nos está haciendo saber lo que tiene para nosotros en la eternidad, y es todo lo que podríamos desear y más. ¡Es "todo" y es tuyo y mío! Aunque todavía no veas la manifestación física, Él te ha dado la capacidad de transferir todas tus bendiciones desde la eternidad a la tierra. El problema es que somos carne y, como tales, inclinados a dejar que nuestro pasado y presente dicten nuestro futuro. Tal vez has tenido un matrimonio fallido: no permitas que esa experiencia influya en tus expectativas para una relación futura. ¡Declara que Dios dice que "todo" es tuyo, lo que incluye un cónyuge bueno y amoroso, si ese es el deseo de tu corazón!

Debes entender en tu espíritu que Dios vive en la eternidad; Él ya ha planeado todo lo bueno para ti, pero te boicoteas a ti mismo cuando crees lo que ves con tus ojos físicos. Si no tienes suficiente dinero para pagar el alquiler y sigues insistiendo en que eres rico, puede ser difícil conciliar las dos cosas. Sin embargo, hay dos verdades: la natural, en la que no tienes ni un centavo, y la verdad espiritual y divina en la cual Dios declara que eres Su heredero y que todo es nuestro. Depende de ti, no de Dios, elegir entre las dos verdades y vivir lo que crees.

Desde la infancia, se nos enseña que debemos usar la razón, pero cuando Dios entra en tu vida, la razón debe inclinarse ante la verdad divina, por difícil que sea para nuestras mentes naturales. Debido a que algunos cristianos persisten en creer lo que dictan sus sentidos, muchos entrarán al cielo enfermos, pobres e insatisfechos. No pudieron activar sus bendiciones mientras estaban en la tierra debido a la incredulidad.

Eleva tus expectativas a ese otro reino, la eternidad, donde Dios vive, junto con todo lo que ha preparado para ti. Cuando la Biblia dice que tengo todo, implica que tengo dominio y control sobre todo, ya que es mío. Las Escrituras afirman además que la vida o la muerte, el presente o el futuro, todo es tuyo. Se deduce que tienes la autoridad de aceptar la vida y rechazar la muerte.

La enfermedad, la pobreza, el divorcio y todo lo que te roba la alegría y la paz son parte de la muerte. Incluso la muerte física es parte de la muerte y creo que podemos elegir rechazarla. Muchas personas mueren antes de tiempo porque no logran cumplir su propósito, pero si reconoces la misión de tu vida, los ángeles que te rodean evitan la muerte en tu vida. Cuando llegue el momento de irte, te sentirás tranquilo y satisfecho sabiendo que has cumplido tu propósito, ¡y deseando descubrir el otro lado!

Mientras todavía estás aquí, concéntrate en transferir tus bendiciones de la eternidad. Lo que se manifiesta para ti depende enteramente de cuánto estas dispuesto a creer. Por ejemplo, si necesitas un automóvil para el trabajo, pero solo crees que Dios te va a dar un viejo cacharro, no esperes un Mercedes nuevo.

Recuerdo a una chica que había llegado recientemente de Nicaragua, donde era bastante pobre. ¡Soñaba con vivir en una gran casa americana hermosa, con pisos de mármol, una piscina y un jacuzzi! Esta joven llena de fe a menudo se ofrecía como voluntaria para eventos de nuestra iglesia, y un día, una pareja le comento que estaban buscando alguien quien cuidara a sus dos hijas. En cuestión de semanas, había sido invitada a mudarse con la familia, y la casa que compartía con ellos era exactamente lo que había imaginado, ¡hasta la espectacular piscina donde pasó muchas horas jugando con las niñas!

Entonces, todo está hecho, todo es nuestro, y la fe es el vehículo a través del cual transferimos las bendiciones desde la eternidad. Hebreos

11:3 declara que Dios creó el universo a través de Su Palabra. Lo que no se pudo ver se vio debido a la Palabra de Dios, Su Palabra llena de fe, que hizo que las cosas presentes, la creación, se materializaran. Ahora para ti y para mí, es importante acceder al trono de Dios de forma correcta. ¿Te acercas a Él sabiendo que lo que pides ya está hecho, o le preguntas como si aún no se hubiera hecho? No es lo mismo.

Esta mañana, la bombilla de la lámpara de mi mesa de noche se quemó. Tener un reemplazo en mi casa no es comparable a tener que ir a la tienda y comprar uno. En la primera situación ya tengo lo que necesito en un lugar fácilmente accesible. En el segundo escenario, tengo que subirme a mi automóvil, conducir a una tienda, buscar una bombilla blanca suave, pagar y llevarlo a casa. Dios ya tiene la "bombilla" perfecta para ti; simplemente agradécele de inmediato por Su provisión porque la acción de gracias es una proyección de tu fe de que ya está hecho.

En la eternidad, el Señor ha provisto órganos de reemplazo: ¡nuevas rodillas, nuevos riñones, nuevos corazones y más! ¿Pero puedes creer hasta ese nivel? El nivel al que crees establece el nivel al que recibes. Necesitamos expandir nuestro territorio de fe para que podamos creer más y, en consecuencia, transferir más de lo que ya es nuestro.

Todo lo que sucede en la tierra deriva del mundo espiritual. En Isaías 53:4, 600 años antes de que Cristo naciera, el profeta habló sobre la venida del Mesías, un evento futuro, en tiempo pasado. Cuando se producen las profecías, Dios le permite al profeta mirar hacia el Kairos, o la eternidad, para ver un evento que sucederá en el Cronos, o tiempo cronológico. Apocalipsis 13:8 declara que Cristo, el Cordero de Dios, fue inmolado al comienzo del mundo. Nuestro Salvador vino a la tierra para morir, realizando aquí todo lo que ya se había hecho en una dimensión eterna.

En el futuro, me gustaría que reconozcas que todo ya se ha hecho, y que con los brazos de la fe puedes apropiarte de tus bendiciones. Porque en la eternidad todo es tuyo. Todo.

Capitulo 12

De la Eternidad a la Actualidad

Como vimos anteriormente, cuando Moisés murió, Dios llamó a Josué, ordenándole que se levantara y guiara a los hijos de Israel a través del río Jordán, un símbolo de las pruebas y dificultades que todos enfrentamos al cumplir nuestra misión. Lograr lo mejor que Dios ya ha preparado para tu vida nunca es fácil. Tendrás que cruzar desiertos y ríos figurativos, enfrentar sequías y plagas, y luchar contra gigantes. Pero ten la seguridad de que el Señor ya ha previsto todos los desafíos en el camino, proporcionando los medios para superar cada uno. ¡Tu victoria te espera si avanzas con fe!

Me contaron acerca de un exitoso ejecutivo de negocios que se sintió llamado a abandonar su excelente posición y predicar a las personas sin hogar en el centro de la ciudad. Su esposa no estaba de acuerdo: tenían niños pequeños y un estilo de vida que ella quería conservar. En su opinión, la idea era una locura; y, además, ¡Dios ciertamente no le pediría cosa semejante a un hombre de familia!

Pero por mucho que lo intentó, Rolando no podía dejar de pensar en servir a las personas sin hogar. Por donde quiera que fuera, veía seres humanos durmiendo debajo de puentes, viviendo en la miseria y sin Cristo en sus corazones. El hambre de hacer algo siguió creciendo hasta que finalmente dejó su trabajo y salió a la calle.

Convencido de que había perdido los cabales, su esposa sacó la mayor parte del dinero de sus cuentas, preparó a los niños y se fue. Problemas de salud repentinos agregaron más cargas al pobre hombre que, sin seguro de salud, ya no podía frecuentar sus médicos habituales. Aunque las cosas se veían muy mal en lo natural, Rolando luchó para mantener sus ojos en Dios, reclamando con fe la provisión que ya había sido preparada para él. Aunque no conozco todos los detalles de lo que le ocurrió a Rolando, sí sé que él estableció un próspero ministerio en el centro de la ciudad, ayudando a miles de personas sin hogar y proporcionándoles refugio, comida y la Palabra de Dios.

Todos tenemos una tarea y, a veces, no la cumplimos, por temor a no tener los recursos o la capacidad necesaria. Pero debes obedecer con fe y al igual que el Mar Rojo se abrió para Moisés y el Río Jordán para Josué, ¡Dios abrirá un camino para ti! Ha llegado el momento de sacar la espada del Espíritu, la Palabra de Dios, preferiblemente dicha en voz alta. Tu tierra prometida está al otro lado del Jordán, así que declara lo que Dios ha dicho: que cada lugar que pisara la planta de tu pie ya es tuyo. Y te lo dio desde el lugar donde vive y siempre estará, en la eternidad, que no tiene fin ni principio.

Aunque nuestras mentes pueden comprender que la eternidad no tiene fin, es más difícil entender que tampoco tiene un comienzo. Pero Dios es el Dios del principio y del fin, Él es el Alfa y Omega, y Su tiempo es Kairos, mientras que nuestro tiempo es Cronos. Kairos, como Dios mismo, no tiene principio ni fin. Cronos, se refiere al tiempo cronológico que experimentamos aquí en la tierra.

En la eternidad que Dios habita, antes de que nacieras te dio lo que te pertenece, así como tu asignación terrenal especial. Tus bendiciones ya se han hecho y llevan tu nombre. Recuerda que antes de que Jeremías estuviera en el útero de su madre, Dios ya lo había llamado a ser profeta. Es posible que te llame para ser carpintero, abogado, maestro, o, como yo, pastor. Independientemente de tu tarea específica, el objetivo final es que continúes el trabajo de Jesús en esta tierra.

Es importante entender que absolutamente ningún nacimiento es una coincidencia o poco importante para Dios. No importa si no fuiste planificado, eres el producto de una violación o te encontraron en un basurero. El Señor te ama y tiene una misión para ti. Recuérdate frecuentemente que eres muy especial.

Cuando salgamos de este planeta, nos uniremos a Dios en la eternidad. El cielo está en el reino eterno, y somos seres eternos hechos a la imagen de Dios. Absorbe estas verdades y te darás cuenta de quién eres realmente. Algunas personas pasan por la vida buscándose a sí mismas, pero las respuestas están en la Palabra de Dios.

Si entiendes quién eres, de dónde vienes y a dónde vas, nada ni nadie puede detenerte. No los ríos del Jordán que deben cruzarse o las personas que declararán que estás loco. Ninguna circunstancia te impedirá cumplir tu misión en la tierra; solo tú mismo puedes hacerlo mediante la incredulidad y la desobediencia.

Y cuando su tiempo en la tierra llegue a su fin, "y el polvo vuelva a la tierra, como era, y el espíritu vuelva a Dios que lo dio." (Eclesiastés 12: 7). Tu cuerpo puede estar enterrado, pero tu espíritu eterno e imperecedero regresará a Dios. Perteneces a la eternidad porque de ahí vienes. El Espíritu de Dios te dio a luz y a Él regresas.

En ese reino eterno hay riquezas que Dios quiere que tengas porque él posee la plata y el oro. Él te dio una porción para cumplir con tu tarea. ¡Llámalo! El dinero tiene que seguirte cuando lo llamas. Llama a tu salud, llama a tu éxito, llama a la paz en tu matrimonio.

Es importante entender que todos salen de Dios, pero debido a la caída del hombre, no todos son hijos de Dios. El pecado nos separa de Dios. Cuando Adán fue creado, él era un hijo de Dios, pero cuando pecó, se separó de Dios. En Juan 1:12 leemos: "Pero a todos los que lo recibieron, les dio el derecho de convertirse en hijos de Dios, a los que creen en su nombre". Claramente, entonces, la salvación requiere dos pasos: primero, creer en Su nombre, y segundo, recibirlo para que pueda vivir en nuestro corazón. Cuando lo crees y lo recibes, te conviertes en un hijo de Dios.

Hay cosas que Dios ha creado para ti que nunca se materializarán si no las transfieres. Para ver que tu destino dado por Dios se cumpla, toma decisiones de acuerdo con Su Palabra, reconociendo el propósito que Él te dio. Recuerda, la fe es creer lo que Dios dice sin dudar. Cuando escucho a alguien decir "Sí, creo, pero...", el "pero" es una clara indicación de que está operando con incredulidad. Cuando realmente comienzas a creerle a Dios, entras en el reino sobrenatural de lo "imposible".

Como cristianos, podemos amar a Dios y creer Su Palabra de una manera abstracta, pero en la práctica real, nuestras mentes, que han sido programadas para creer que lo imposible es imposible, pueden sabotear nuestros esfuerzos. Debemos superar nuestras mentes que dudan porque cuando le creemos completamente, nuestra fe se activa para transferir las bendiciones de la eternidad a nuestro presente.

Parte de esta transferencia ocurre cuando comienzas a ver en tu espíritu lo que deseas transferir. En efecto, debes "verlo" con los ojos de la fe antes de verlo físicamente. Dios usa la imaginación que nos dio para formar imágenes que nuestro espíritu ve. Las palabras que pronunciamos les dan forma y sustancia a estas imágenes, de modo que comenzamos a definir las bendiciones que deseamos transferir. Y esto no solo funciona para los cristianos, sino que produce resultados para todos. ¿Estás enfermo en la cama? Declara que estás sano y bien hasta que tu bienestar se materialice.

La importancia de verte a ti mismo como quieres ser está claramente establecida en la Palabra de Dios. Considera, por ejemplo, Proverbios 23:7: "Porque cual es su pensamiento en su corazón, tal es él." Tu corazón está lleno de pensamientos e imágenes, los cuales están formados en gran parte por palabras que tú y otros han declarado y que has recibido. Algunas personas hablan cosas muy dañinas sobre sí mismas, como "soy pobre, mi familia siempre ha sido pobre; la vida siempre ha sido una lucha dura para nosotros". Han pintado una imagen de falta y dificultad en sus corazones que seguirá siendo su realidad.

Necesitamos cultivar imágenes de lo que Dios quiere que seamos. Él declara que somos más que vencedores, aunque aún no hayamos conquistado nada. ¡Cree en el Señor y comienza a verte a ti mismo como poderoso e invencible! La Biblia dice que "Por la fe entendemos haber sido constituido el universo por la palabra de Dios, de modo que lo que se ve fue hecho de lo que no se veía." (Hebreos 11:3). Eso significa que lo que vemos ahora fue enmarcado o hecho desde donde no se veía, y lo entendemos por fe. Del mismo modo, todo lo que necesitas ya se ha hecho y está esperando que lo transfieras a la tierra.

Cuando pidas tus bendiciones, pide específicamente lo que quieres. Dios pone un deseo en tu corazón y depende de ti pedirlo y manifestarlo. Para ilustrar, digamos que eres soltero y te gustaría encontrar el marido de tus sueños. Además, te gustaría que tuviera el pelo rubio y ojos claros. ¡Cree que el Señor te dará exactamente lo que pides porque puso esa imagen en tu corazón!

Miremos juntos una historia de Eliseo y su sirviente encontrada en 2 Reyes 6:15-17: "Y se levantó de mañana y salió el que servía al varón de Dios, y he aquí el ejército que tenía sitiada la ciudad, con gente de a caballo y carros. Entonces su criado le dijo: '¡Ah, señor mío! ¿qué haremos?' El le dijo: 'No tengas miedo, porque más son los que están con nosotros que los que están con ellos.' Y oró Eliseo, y dijo: 'Te ruego, oh Jehová, que abras sus ojos para que vea.' Entonces Jehová abrió los ojos del criado, y miró; y he aquí que el monte estaba lleno de gente de a caballo, y de carros de fuego alrededor de Eliseo."

Esta es una ilustración poderosa de cómo con nuestros ojos naturales no obtenemos la imagen completa. El siervo de Eliseo solo podía ver enemigos y una situación aparentemente desesperada, pero cuando Dios abrió sus ojos espirituales, pudo ver el reino sobrenatural y discernir los ejércitos angelicales listos para luchar en Su nombre. ¡También necesitamos comenzar a ver los ejércitos de ángeles que están de nuestro lado! Puedes estar rodeado de problemas, posiblemente el médico te dio algunas malas noticias, lo que activa la actividad demoníaca a tu alrededor para que caigas en el miedo y la desesperación. Observa que Eliseo inmediatamente le dijo a su siervo que no temiera: la fe no puede operar con miedo y recuerda que la fe es el vehículo esencial para transferir tu buena salud a esta dimensión terrenal.

No te concentres en las radiografías y los informes de laboratorio, o lo que sea que haya venido en contra tuya. ¡Enfócate en lo sobrenatural y mira los ejércitos que están ahí para ayudarte! De acuerdo con el libro de hebreos, Dios tiene ángeles asignados a ti, y no solo uno, sino muchos ángeles. Comienza a formar en tu corazón una visión de ejércitos angelicales que son mucho más poderosos que las conclusiones del médico. Medita en pensamientos de protección, bienestar y buena salud, reconociendo que eres muy especial para Dios y que le perteneces. Él tiene buenos planes para ti, su hijo amado.

A medida que moldeas y nutres estos pensamientos en tu corazón, es fundamental reunirte con personas que están de acuerdo contigo, personas positivas que creen en un Dios grande y sobrenatural. Es posible que debas dejar ir a ciertas personas en tu vida, los pesimistas que siempre ven el vaso medio vacío. Y pueden ser cristianos, con Cristo en sus corazones, y por eso irán al cielo, pero posiblemente entren miserables y derrotados.

Por supuesto, deberíamos ayudar a las personas que están deprimidas y que necesitan asistencia, pero una vez que lo hayamos intentado, debemos seguir nuestro camino. Las personas negativas hablarán cosas negativas sobre ti, lo que eventualmente contamina tu fe. Deja su compañía.

Cultiva amistades con aquellos que hablan cosas positivas, que te inyectan fuerzas para seguir adelante; aquellos que son más maduros espiritualmente que tú, tal vez más talentosos e inteligentes, y de quienes puedes aprender.

Ten en cuenta que Lot fue bendecido porque se acercó a Abraham, pero las promesas de Dios fueron para Abraham. Solo una vez que Lot se fue y siguió su camino, el Señor le dijo a Abraham que levantara los ojos y "mirara hacia el norte, hacia el sur, hacia el este y hacia el oeste por toda la tierra que ves que te doy a ti y a tus descendientes para siempre". Dios quería que Abraham viera de manera sobrenatural, que se viera a sí mismo tomando posesión de la tierra que sus ojos naturales miraban a diario. Dios se lo había dado todo, si tan solo Abraham pudiera imaginarse a sí mismo como el dueño.

Ha llegado el momento de que el pueblo de Dios se vea a sí mismo como Dios lo hace. Claramente, es un proceso que no sucede de la noche a la mañana. Puede ser especialmente difícil para aquellos que oyeron desde la infancia que no valían nada. Pero la Biblia nos dice que renovemos nuestras mentes: reemplaza las viejas imágenes dañinas con imágenes de ti mismo como un conquistador y precioso heredero de Dios, y comenzarás a verte de manera diferente. Hay tesoros en el reino eterno que solo tú puedes transferir a través de tu fe, creyendo sin dudar.

La acción de gracias acelera la transferencia, porque le estás agradeciendo a Dios por algo que no puedes ver en tu tiempo presente, pero que puedes discernir en el ámbito espiritual. Declara lo que tienes en tu corazón, desarrolla la imagen y dale gracias de antemano a Dios por la manifestación de lo que se te ha dado. ¡Los deseos de tu corazón están al alcance de la fe!

CAPÍTULO 13

Rompiendo los Límites

Los hombres están cansados y desanimados después de una larga noche de pesca. No habiendo atrapado nada, regresarán a sus familias con las manos vacías. Bajo un sol caluroso, limpian y pliegan las redes, y las cubiertas del barco. Están preparándose para desembarcar, cuando una voz llama desde la orilla: "Hijitos ¿tenéis algo de comer?". (Juan 21:5). Ellos responden con un malhumorado "No". Mas la verdad es que ellos no se sienten mucho como pescadores experimentados; más bien como unos bebés inútiles. La misteriosa figura vuelve a llamar: "...Echad la red a la derecha de la barca, y hallaréis." (Juan 21:6). Los hombres no pueden ocultar su molestia: ¿Quién se cree ser ese tipo, diciéndoles qué hacer? ¡Ridículo, simplemente no hay ningún pez para atrapar!

Pedro está a punto de decirle que los deje en paz, cuando recuerda el día en que Jesús lo llamó para ser su discípulo, un pescador de hombres... Al igual que hoy, no habían atrapado ni una sardina, pero Jesús le dijo: "Boga mar adentro, y echad vuestras redes para pescar." (Lucas 5:4). Pedro había escuchado a Jesús predicar y estaba bastante impresionado, sin embargo, ¿qué podía saber un carpintero acerca del negocio de la pesca? El pescador decide obedecer, a medias, y en vez de soltar todas las redes como Jesús había indicado, solo baja una... La pesca había sido nada menos que milagrosa, rompiendo la red y casi hundiendo dos barcas.

Conmovido por ese recuerdo, Pedro mira a Juan, con una pregunta en sus ojos. ¿Deberíamos hacer lo que dice el extraño? El discípulo amado asiente levemente y Pedro alcanza una red. Minutos después, los discípulos están luchando con una pesca tan grande que no pueden meterla en la barca. Aunque no ven claramente al hombre en la orilla, ahora no hay duda en cuanto a su identidad. "¡Es el Señor!" exclama Juan. Pedro, incapaz de contener su emoción, salta al agua y nada hacía Jesús.

El Señor está preparando el desayuno, asando pescado a fuego abierto. Él le dice a Pedro que obtenga algo de la pesca que los otros están arrastrando y el discípulo corre para ayudarlos. Increíblemente, la red está llena de 153 peces grandes, y, sin embargo, a diferencia de la última vez, no se rompió. Seguramente porque esta vez, Pedro obedeció completamente las instrucciones del Señor.

Él ha completado el círculo. Una noche infructuosa de pesca seguida por una pesca milagrosa; para ambos, esto marcó el comienzo de su caminata con el Jesús terrenal y ahora, mientras el Señor se prepara para ascender al Padre, cierra ese capítulo. Es como si Dios estuviera diciendo: "Pedro, lo primero que quiero que sepas y recuerdes de mí es que soy un Dios generoso que bendice abundantemente, rompe los límites humanos y va más allá de toda expectativa. Me encanta ir al rescate, y cuando tu necesidad es extrema, cuando todo parece estar yendo mal, es cuando mi poder infinito se muestra mejor".

A lo largo de las Sagradas Escrituras vemos ejemplos de Dios dando con una mano muy grande. Recordemos la alimentación de las cinco mil personas, que fueron más bien como quince mil cuando se incluyen mujeres y niños. ¡Jesús bendijo dos peces y cinco panes de cebada causando una multiplicación sobrenatural que no solo satisfizo el hambre de todos, sino que resultó en 12 canastas de sobras (Mateo 14: 13-20)! Nuestro Señor no es un Dios de "sólo lo suficiente", sino de extraordinario excedente y plenitud.

Considera también el milagro del vino en la fiesta de bodas en Caná. Jesús estaba en la celebración, disfrutando de los festejos, cuando su madre le dijo que el vino se había acabado. Hay que subrayar que, en esa cultura, quedarse sin vino era una vergüenza para los anfitriones y una mancha en el sello matrimonial. En la casa donde se estaba celebrando la fiesta, había seis ollas de piedra utilizadas para ocasiones ceremoniales judías.

Jesús, preparándose para transformar milagrosamente una sustancia en otra, les dijo a los sirvientes que llenaran las ollas con agua. Ten en cuenta que cada una de esas ollas contenía veinte o treinta galones de agua, ¡llenarlas no ha podido ser una tarea fácil! Solo podemos imaginar lo que los desafortunados sirvientes estaban pensando mientras se apresuraban a seguir sus órdenes: "Ese Jesús es un chiflado. No necesitamos agua, ¡y ciertamente no alrededor de ciento cincuenta galones de ella! ¡Necesitamos vino!" Pero hicieron lo que Él dijo y el resultado es una extraordinaria abundancia del vino más excelente, tan notable que el maestro de la fiesta le dice al novio: "…Todo hombre sirve primero el buen vino, y cuando ya han bebido mucho, entonces el inferior; mas tú has reservado el buen vino hasta ahora." (Juan 2:10)

Dios no conoce límites; nosotros somos los que lo limitamos. Si los sirvientes solo hubieran llenado una olla, habría habido veinte o treinta galones de vino excepcional. Ciertamente, eso habría sido suficiente para llevar la fiesta hasta el final, pero nuestro Señor se especializa en dar de manera exagerada. En uno de los salmos más queridos, David, que conocía íntimamente el corazón de Dios, lo dijo de esta manera: Mi copa se desborda de bendiciones. Ciertamente tu bondad y tu amor inagotable me seguirán todos los días de mi vida,…." (Salmo 23: 5, Nueva Traducción Viviente).

¡Es maravilloso saber que Dios no solo nos ama, sino que está ansioso por derramar bendiciones que ni siquiera podemos contener! Solo obedécele y ten fe en todo lo que Él te ha prometido, ¡y pronto se manifestará en el mundo material. Mientras más grande tu fe, mayores serán tus bendiciones. Si sólo le crees a Dios por un aumento de un dólar por hora, eso es todo lo que obtendrás. En cambio, dile: "Papa, de acuerdo con Tu Palabra, eres un donante generoso, así que tengo fe en que traerás un gran milagro en nuestras finanzas. ¡Gracias que ya está hecho!" Mantente en esa postura de confianza, agradeciendo al Señor continuamente por tu milagro financiero y definitivamente se materializará.

Como he dicho antes, debemos tener fe de tipo bulldog: hundiendo nuestros dientes en las promesas de Dios sin soltar, independientemente de lo que esté sucediendo a nuestro alrededor. Nunca olvides que el mundo natural es el reino de Satanás y que él organizará circunstancias que parecen contrarias a lo que le has pedido al Señor. Pero como ya sabes, Dios convierte todo para nuestro bien, de modo que incluso un ataque directo del infierno puede convertirse en el vehículo para una gran liberación.

Un joven de nuestra congregación recientemente compartió su testimonio, un buen ejemplo de cómo Dios opera en nuestras vidas. Después del nacimiento de su primer hijo, Tony y su esposa oraron fervientemente por más dinero y un departamento más grande. Su sueldo como conserje y el pequeño estudio donde vivían ya no eran adecuados. Entonces sucedió lo impensable: Tony perdió su trabajo cuando la asociación del condominio decidió contratar una empresa. Aunque inicialmente sacudida, la pareja pronto se recuperó: continuaron alabando a Dios incluso cuando el poco dinero que tenían en el banco casi había desaparecido

Un día llego una llamada de un amigo de la iglesia que conocía su situación: "Tony, ¿todavía estás buscando trabajo? Porque hay un hermano que posee un complejo de viviendas y está buscando un administrador de propiedades". En veinticuatro horas, Tony tenía el trabajo, ganando casi el doble de lo que había hecho anteriormente. Como una ventaja adicional, la posición incluía el uso de un espacioso apartamento de dos habitaciones porque el propietario del complejo quería a alguien que viviera en las instalaciones.

Tony y su esposa estaban encantados; su fe había sido catapultada a un nivel completamente nuevo. "Hemos aprendido a no limitar a Dios", nos dijo Tony con una sonrisa. "Le creímos para un departamento más grande y ciertamente nos proporcionó uno. ¡La próxima vez que estemos listos para mudarnos, le pediremos nuestro hermoso hogar!"

Pablo describe cómo Dios da de esta manera: "Y a Aquel que es poderoso para hacer todas las cosas mucho más abundantemente de lo que pedimos o entendemos, según el poder que actúa en nosotros," (Efesios 3:20). El "poder" al que hace referencia el apóstol es, simplemente, tu fe. Recibes de Dios según tu nivel de fe. Cero fe te dará cero resultados, como la gente de Nazaret aprendió. Allí, según las Escrituras, Jesús

"...no hizo allí muchos milagros, a causa de la incredulidad de ellos." (Mateo 13:58).

De hecho, el Señor constantemente enseñó que la fe era el elemento necesario para que se manifestaran los milagros. Te acuerdas de la mujer con el problema de la sangre que tocó la túnica de Jesús. Él le dijo: "...hija, tu fe te ha salvado" (Mateo 9:22). Otro de muchos de estos casos también se registra en Mateo, donde dos hombres ciegos seguían a Jesús, con la esperanza de ser sanados. Jesús les preguntó: " ¿Creéis que puedo hacer esto? Ellos dijeron: Sí, Señor. Entonces les tocó los ojos, diciendo: Conforme a vuestra fe os sea hecho." (Mateo 9: 28-29).

Entonces cree a Dios, pero créelo a lo grande. Como dijo Tony, la próxima vez que se muden será a su propia casa, no a otra propiedad de alquiler más grande o lujosa. Siempre espera lo mejor de tu Padre Celestial y no te decepcionará. Pero recuerda que Él te bendice para que puedas bendecir a otros, atrayéndolos al Reino de la Luz. Esa hermosa casa que le dará a Tony no es solo para que él y su familia la disfruten; También sirve para mostrar a otros que Dios ama bendecir a sus hijos.

Como hemos visto, en el centro de las abundantes dádivas de Dios está su habilidad para multiplicar lo que le confiamos. Es posible que solo tengas unos pocos panes y peces, pero en las manos de Dios pueden convertirse en una comida para muchos miles. Dale a Dios tu ofrenda de semilla, lo mejor de lo que tengas, y mira cómo Él lo multiplica abundantemente.

He visto este principio funcionar muchas veces en mi propia vida. Cuando, después de estar en el campo misionero, comencé mi iglesia, tuve verdaderos problemas económicos. Vivía con mis padres y solo comía una vez al día para no ser una carga financiera para ellos. Luego, cuando me casé con mi amada Mariam, los tiempos seguían siendo difíciles, pero nunca dejamos de diezmar y dar. Dios es fiel e invariablemente multiplicó nuestra semilla, gradualmente elevando nuestro nivel económico.

La capacidad de Dios para bendecirnos desafía toda lógica y debemos dejar de imponer pensamientos racionales en sus métodos. Él es infinitamente creativo y está muy por encima de toda cosa creada. Dios no solo puede multiplicar lo poco que tienes, sino que también puede traer una bendición de la fuente más inesperada. Considera el relato bíblico de cómo Jesús pagó el impuesto del templo. Le dijo a Pedro que fuera al mar y tirara un anzuelo, y agregando que el primer pez que pescaría tendría una moneda en la boca (Mateo 17: 24-27).

Ahora hubiera sido más fácil para Jesús simplemente orar para que el dinero apareciera en su bolsillo, pero se habrían perdido dos lecciones importantes. La primera es que a menudo nuestro milagro vendrá del último lugar que podamos imaginar. En verdad, ¿qué persona razonable diría?: "Creo que iré a pescar por si una trucha tiene mi cheque de alquiler en la boca." En el mundo natural los peces no andan con dinero, a menos que Dios lo decrete. Por lo tanto, no lo limites fijando tu vista en las fuentes más probables de tu liberación, mientras descartas a las demás. Mantén tu mente abierta, ignorando lo "razonable" y sabiendo que Dios puede usar las cosas más improbables para suplir tu necesidad.

Una segunda lección en nuestra narrativa del pez es la necesidad de que Pedro haga algo para conseguir el dinero. Como ya hemos visto, la mayoría de los milagros de Jesús requirieron un paso de fe. En Lucas Capítulo 17, comenzando en el versículo 11, leemos de diez leprosos que buscaron al Señor para recibir su sanidad. Jesús les indicó que fueran a presentarse ante los sacerdotes y fue en esa trayectoria que "fueron limpiados".

El apóstol Juan habla de un hombre que había nacido ciego y nuestro Señor le cubrió los ojos con arcilla hecha de una mezcla de Su saliva y tierra. Luego le dijo al ciego: "'Ve lavarte en el estanque de Siloé ... Fue entonces, y se lavó, y regresó viendo" (Juan 9: 7). El hombre en la sinagoga con la mano seca tuvo que estirarla antes de ser sanado (Mateo 12: 9-13). Podría seguir enumerando ejemplo tras ejemplo, pero estoy seguro de que has logrado entender. Nuestro milagro requiere una acción correspondiente de nuestra parte. Si crees que Dios es tu sanador, actúa como alguien saludable. No andes con los hombros caídos y una mirada miserable en tu rostro. ¡Pon un poco de ánimo en tu paso y glorifica a Dios por la sanidad que te ha traído, incluso si aún no se ha manifestado!

Así que hemos visto que Dios rompe todos los límites conocidos por el hombre, proporcionándonos excelentes y abundantes bendiciones de acuerdo con nuestra fe. Él puede tomar lo poco que tenemos y multiplicarlo; puede convertir una sustancia en otra, como el milagro del vino; y puede traer una bendición del lugar más improbable, como una moneda en la boca de un pez. Y ahora veremos que sus métodos también incluyen traer bendiciones de una manera completamente inesperada. Un buen ejemplo de esto se encuentra en el quinto capítulo del Evangelio de Juan, versículos 1-15.

El apóstol nos cuenta de un estanque llamado Betesda, rodeado por cinco pórticos, donde se congregaban muchas personas que estaban enfermas, paralizadas, y ciegas, con la esperanza de recibir su curación. De vez en cuando un ángel agitaba el agua y quienquiera que entrara primero, se sanaba. En el grupo de personas alrededor del estanque había un hombre que llevaba treinta y ocho años enfermo y Jesús se le acerca con una pregunta: "¿Quieres ser sano?" (Juan 5: 6).

En lugar de responder a Jesús, el hombre dice: "Señor, le respondió el enfermo, no tengo quien me meta en el estanque cuando se agita el agua; y entre tanto que yo voy, otro desciende antes que yo." . El hombre enfermo está en la presencia de Dios Todopoderoso ¡pero el foco del hombre está en el estanque! Él piensa que la única forma en que se sanara es si alguien lo ayuda a meterse en el agua, superando a la multitud.

En algún momento de nuestras vidas, todos nos hemos identificado con ese hombre. Si necesitas más dinero, puedes pensar que la única forma de obtenerlo es mediante un aumento de sueldo en el trabajo, pero, de hecho, ¡Dios puede hacer algo completamente inesperado! Déjame contarte la verdadera historia de alguien a quien llamaremos Claire. Claire era una mujer divorciada de mediana edad cuya madre había sufrido un derrame cerebral y consecuentemente, había perdido su trabajo. La madre estaba en una situación financiera terrible, enfrentando el desalojo, y desafortunadamente, Claire no tenía los medios para ayudarla

Entonces, el Señor le habló a mi esposa, Mariam. Le contó sobre dos personas en nuestra congregación, una de las cuales era Claire, que necesitaban dinero. El Señor le reveló a Mariam que Claire no podía ni dormir, preocupada por el alquiler impago y las muchas necesidades financieras. Le mostró a mi esposa cómo se veían Claire y la otra persona, así como la ropa que usarían en el servicio dominical. "Una mujer tiene el pelo oscuro y rizado y esta vestida de rojo", me dijo Mariam de antemano. "La otra es bastante joven, una estudiante universitaria, creo, con el pelo largo y rubio. Lleva jeans y una camiseta blanca. Necesitamos tomar una ofrenda para ellos, Alberto".

Fue así como Mariam pudo identificar a las dos mujeres en la congregación. Aturdidas, lágrimas corriendo por sus rostros, se pararon frente a la iglesia, sosteniendo canastas que pronto estaban llenas de efectivo y cheques. Algunas semanas después, la estudiante testificó que necesitaba el dinero para pagar su último trimestre de estudios. Tanto ella como Claire recibieron lo suficiente para cubrir todas sus necesidades, ¡con un buen excedente sobrante! Veras en tu propia vida como Dios a menudo actúa de formas que nunca hubieras imaginado o esperado.

Vimos que el hombre junto al estanque de Betesda pensó que el agua revuelta era la clave para su salvación. Estaba tan concentrado en el estanque que no se dio cuenta de que el Salvador estaba delante de él. Sin embargo, con solo seis palabras, Jesús lo sanó: "...Levántate, toma tu lecho, y anda." . La Escritura dice que "Y al instante aquel hombre fue sanado, y tomó su lecho, y anduvo. Y era día de reposo aquel día." (Juan 5:9). Jesús no esperó a un ángel, ni arrastró al hombre hasta el agua; simplemente habló y su sanidad fue instantánea. ¡Tal vez Jesús sintió que después de 38 años el pobre tipo no debería tener que esperar más! En cualquier caso, una cosa es segura: a nuestro Dios le encanta sorprender a su pueblo.

La narrativa en el estanque de Betesda también enseña otra verdad sobre los métodos de Dios: su ayuda puede manifestarse cuando menos la esperamos. Juan nos dice que esta sanidad tuvo lugar el sábado, un día en que los judíos desaprobaban cualquier tipo de trabajo. El Señor fue criticado por sanar a la gente los sábados, pero Dios está fuera de nuestros horarios y convenciones, haciendo las cosas cuando El las considera apropiadas.

Nuestro Padre sabe muy bien el momento preciso en que estamos listos para recibir nuestro milagro. Por lo tanto, nunca debemos perder la fe, incluso si pasan muchos años sin cambios aparentes en nuestras circunstancias. Dios no nos ha olvidado y de alguna manera, en algún momento obtendremos nuestro milagro.

Hemos visto que Dios rompe todos los límites creados por el hombre, realizando grandes hazañas de manera increíble, usando cosas y situaciones inesperadas, y en momentos que, de a menudo, son sorprendente. Y a veces elige receptores improbables para sus bendiciones. El cojo de Betesda se había enfermado por algún pecado que había abierto la puerta al ataque demoníaco. De hecho, cuando Jesús lo vio en el templo, emitió una severa advertencia: "Mira, has sido sanado; no peques más, para que no te venga alguna cosa peor" (Juan 5:14).

De las muchas multitudes reunidas alrededor del estanque, ¿por qué el Señor escogió a este tipo? Después de todo, Jesús sabía que el pecado era la causa de su discapacidad; ¿No podría haber elegido a un candidato más digno, alguien que estaba enfermo por causas naturales? Recordemos que solo Dios conoce el corazón de un hombre y solo Él conoce todas nuestras fortalezas, debilidades y circunstancias. Cuestionar porque Nuestro Salvador bendice alguien es una falta de confianza en su juicio y justicia.

Entonces, cuando veas que alguien está siendo bendecido, decide que te vas a alegrar por él. Si te preguntas por qué un pecador tan grande está logrando un avance mientras todavía estás en el hoyo, tal vez tenga algo que ver con tu actitud celosa y tu falta de humildad. Enfrenta tus propios pecados y arrepiéntete, pidiéndole a Dios que te perdone por cuestionarlo. Después de todo, ¡nadie te ha puesto a ti a cargo del universo!

La vida cristiana puede ser la aventura más emocionante, inesperada, y extraordinaria — si solo tienes fe. Dios es incontenible: no podemos ponerlo en una caja o imponerle nuestros métodos. Sus caminos son tan infinitamente superiores a los nuestros que nuestro entendimiento se queda corto. Es como poner a una niña de un año en su asiento de auto, con la esperanza de que entienda que la llevarás a la playa y que, por su propia protección, está siendo restringida. Pero después de muchos gritos y alborotos llegan a su destino y pronto se olvidan todas las lágrimas. Grita de alegría cuando las olas le salpican los pies y las gaviotas se le acercan. Feliz, tu niñita chupa la dulce sandía que has empacado y luego descansa bajo la sombra de un paraguas, encantada con el día...

De manera similar, en nuestra caminata de fe, puede que no siempre te guste el paseo, pero confía en que tu Padre Celestial te llevará a un buen lugar. Él está preparado para cada contingencia, ha provisto para todas tus necesidades, y tiene tus mejores intereses en Su corazón. Él nunca te decepcionará, nunca te dejará caer, nunca se alejará de ti, ni dejará que el mal te toque. Este es el Dios que te dice: "Porque yo sé los pensamientos que tengo acerca de vosotros, dice Jehová, pensamientos de paz, y no de mal, para daros el fin que esperáis." (Jeremías 29:11)

Tienes un Papá que es más grande que cualquier circunstancia y siempre sale victorioso. Él te ama con el tipo de amor ferozmente protector que cuenta hasta los cabellos de tu cabeza (Mateo 10:30), recoge tus lágrimas en una botella (Salmo 56:8) y te extiende la vida abundante a través de la muerte y resurrección de Su Hijo. Nada en tu vida, ni un solo cabello, es intrascendente para Él. Eres su hijo precioso, un coheredero con Jesucristo, y dotado de toda autoridad.

Satanás y sus demonios están bajo tus pies. ¡Son enemigos vencidos que usan el engaño para apartar tus ojos de nuestro glorioso Padre y enfocarlos en problemas aparentes que ya se han resuelto en el ámbito espiritual y que finalmente funcionarán para tu bien! ¿Puede algo ser más maravilloso que la trayectoria cristiana cuando sales con fe, determinado a confiar en tu Dios, y descansas en su asombroso amor?

Amigo, nunca te arrepentirás de poner en práctica los principios y lecciones que he compartido en este libro. No solo desarrollarás el tipo de fe que mueve montañas, sino que tu vida se transformará en algo infinitamente deseable y maravilloso, atrayendo a muchos al Reino de la Luz. Oraré para que seas fuerte, lleno de esperanza en tu Dios y ansioso por las bendiciones que Él anhela derramar. Y ahora te dejaré con palabras de sabiduría de algunos de los gigantes más grandes del mundo de la fe:

Andrew Murray - "La fe espera de Dios lo que está más allá de toda expectativa".

Joel Osteen - "Cuando te levantas en la fe y declaras la Palabra de Dios, estás activando Su poder dentro de ti y avanzas en la victoria que Él tiene para ti".

Dwight L. Moody - "Un poco de fe traerá tu alma al cielo, pero mucha fe traerá el cielo a tu alma".

Kenneth Copeland: "El miedo tolerado contamina la fe".

Gordon Lindsay - "Nunca desentierres con incredulidad lo que has sembrado en fe".

Kenneth E. Hagin Sr. - "Alimenta tu fe y mata de hambre tus dudas".

E.W. Kenyon - "La fe habla en el lenguaje de Dios. La duda habla en el lenguaje del hombre."

Santo Tomás de Aquino: "Para el que tiene fe, no es necesaria ninguna explicación. Para aquel sin fe, no hay explicación posible."

Rex Rouis - "La duda ve lo que es actualmente y nada más. La esperanza ve lo que puede ser, pero aún no lo es. La fe ve lo que será como si fuera ahora.

Oswald Chambers: "Vivir una vida de fe significa nunca saber a dónde estás siendo guiado".

San Agustín - "No trates de comprender para creer; cree y comprenderás".

Rex Rouis: "De la misma manera que la sal sin sabor no tiene valor, y una lámpara que está cubierta es inútil, la fe sin acciones no tiene vida".

Dr. T. J. McCrossan - "La incredulidad impidió que Cristo sanará a los enfermos en la tierra; es igual hoy".

Smith Wigglesworth - "La gran fe es producto de grandes luchas. Grandes testimonios y triunfos son el resultado de grandes pruebas. ".

San Agustín: "La fe es creer lo que no ves; la recompensa de esta fe es ver lo que crees".